JAPAN AND THE FUTURE OF MARKETING STRATEGIES TO PREDICT WHAT COMES NEXT

コトラー マーケティングの未来と日本

時代に先回りする戦略をどう創るか

KOTLER

フィリップ・コトラー
PHILIP KOTLER

鳥山正博 監訳・解説
MASAHIRO TORIYAMA

大野和基 訳
KAZUMOTO OHNO

KADOKAWA

変革を求めるすべての日本人に捧げる

はじめに　なぜ日本向けの書籍をつくったか

本書は、日本の読者のために制作した、日本だけで発売する書籍である。翻訳がなされて他国でも刊行される可能性もあるが、日本の読者の方はいち早く、本書を読むことができる。当然のこと、私がこれまで執筆してきたどの本よりも、日本および日本人について論じ、その可能性と課題を語り尽くしている。

私がこの世に生を受けたのは、一九三一年。イギリスが金本位制を停止し、信用恐慌が世界に広がった年である。日本人にとっては、奉天事件をきっかけにして関東軍と中国軍が戦争状態に突入した満洲事変が始まった年、という言い方のほうが、わかりやすいかもしれない。

私は第二次世界大戦を直接、経験している。だから当然、当時の日本に対する印象は「敵国」である。とはいえ、戦争下で日系人や日本人移民をスパイ扱いし、強制収容所に入れるという収監政策は間違いであることを、確信していた。

今日、世界の人々が「日本」と聞いて脳裏に浮かべるのは、当時の印象とはまったく異なったものであろう。侍の歴史、アート、生け花、盆栽、日本庭園、茶道などの日本文化は広く世界に知られるものになった。私は日本人のデザインセンスと品質に対する意識に、強い関心を抱いている。日本文化の根っからのファンといってもよいほどだ。

ボストンのハーバード広場にあるアンティークショップに当時十一歳の娘を連れて入ったとき、そこで娘が象牙でできた小さな猿に関心を示した。それが、江戸時代にタバコ入れや矢立《やたて》などを紐《ひも》で帯から吊るし、携帯するときに用いる留め具である「根付《ねつけ》」だった。その場で娘にそれを買ってやったが、今度は私も根付の存在に惹《ひ》かれはじめた。さまざまな資料を渉猟《しょうりょう》しているうち、いつのまにか根付についての〝専門家〟になってしまったほどである。

香港で発行されている芸術専門誌『アーツ・オブ・アジア』に「根付の価値を見極める」という論文を発表し、ハワイで開かれた国際根付ソサエティ（一九七五年、アメリカで創設）の会合にも出席した。

同じことが日本刀の鍔《つば》にもいえる。別のアンティークショップで丸い鍔を目にした瞬間、私は心を奪われた。根付と同じように収集を始めたら、同じように〝専門家〟といえるほどになってしまった。

とても残念なのは、かつて鍔は日本刀を構成する一つのパーツだったが、明治維新後の廃刀令などによって、刀とは別に売られるようになったことだ。妻のナンシーが子供のいる家に刀を置いてほしくない、といったので、私が収集したのは、あくまで刀の鍔だけである。

＊

日本との直接の交流のきっかけをつくってくれたのは、ミシガン州デトロイトにあるウェイン州立大学でマーケティングを教えていたファーディナンド・マウザーだ。そのあとマウザーは、一九七〇年代に日本に移住して慶應義塾大学で教壇に立った。私が初訪日を果たしたとき、そのマウザーが引き会わせてくれたのが、イトーヨーカ堂の創業者である伊藤雅俊氏（現セブン＆アイ・ホールディングス名誉会長）であった。

伊藤氏は、私とナンシーを自宅に招いてくれた。伊藤氏の夫人やご家族にも挨拶をした。さまざまなことを話しているうち、「この人にはマーケティングの才能がある」と確信したことを覚えている。伊藤氏が掲げた「商人道」は、私にいわせれば、まさに顧客主義のマーケティングそのものだ。

その後、私が教鞭を執っているノースウェスタン大学ケロッグ経営大学院で、長男の裕《やす》久《ひさ》氏にマーケティングを教えてほしい、と伊藤氏から頼まれた。裕久氏以外にもケロッグ校では数多くの日本人を受け入れ、YKK会長CEOの吉田忠裕《ただひろ》氏、エーザイCEOの内藤晴夫氏など、世界で活躍する人材を輩出してきたことを、誇りに思っている。

その後も日本を訪問するたび、私は数々の日本文化を堪能した。日本製の電化製品や自動車、カメラ、テレビを直接、目にする機会も増えた。そしてタクシーの運転手が白い手袋をはめ、何もかもがクリーンに保たれている光景を見るうちに、私はすっかり日本に魅了されてしまったのである。

一九八〇年代に入ると、世界中の人たちが、日本が次から次に多くの産業で、世界を牽《けん》引《いん》する存在感を発揮しはじめたことを理解した。私も一九八二年、「世界最強のマーケター 日本人」という論文を発表した。そのなかでは、数多くの市場において日本企業がもっとも重要な位置にいるのは、マーケティングに対する造詣の深さなど、さまざまな理由がある、と議論した。

それ以降も訪日は二年に一度のペースで続き、ノースウェスタン大学ケロッグ経営大学院で勉強した日本人たちと、穏やかな夕べのひとときをすごしたものだ。彼らは卒業生の親睦組織である「ケロッグ・クラブ・オブ・ジャパン」を結成し、そこで私が学生や経営者たちに講義をすることもあった。

いま懸念しているのは、以前に比べて日本からの留学生が少なくなっている印象があることだ。一方で日本社会の少子高齢化が進んでいることも、もう一つの懸念といえる。その解決策である移民の受け入れについて、日本はそれほど積極的ではないように見える。海外からの移民や観光客が日本にやってきたとき、快適に暮らせる環境を準備することは、これからの経済発展を考えるうえで、日本政府の役割の一つになるだろう。

日本のファンだからこそ、海外からいま日本はどう見られているのか、ということを私は伝えたいのだ。

＊

そして本書は日本について多くを語っているのはもちろんだが、そもそもマーケティングとは何か、それはいかなる変遷を遂げ、どこまで進化してきたのか、あるいは日本企業はマーケティングをどこまで活用できているのか、ということについても、その関心に正面から答えるものになっている。

なかでも特筆すべきは、『コトラーのマーケティング3・0 ソーシャル・メディア時代の新法則』（ヘルマワン・カルタジャヤ、イワン・セティアワン共著、恩藏直人監訳、藤井清美訳、朝日新聞出版）で、「マーケティング3・0」という概念を提唱して以来の最新理論である「マーケティング4・0」について、事例をあげながら細かく解説していることだ。

さらに本書は人々が狭義の意味で認識している「マーケティング」だけではなく、新しい時代のなかで富はどこで生み出されるのか、という疑問から、岐路を迎えつつある資本主義というシステムに至るまで、新鮮な知見を提供するものだと自負している。

あまり知られていないが、私はＭＩＴ（マサチューセッツ工科大学）で博士号を取得した経済学者である。経済学を志した理由は、「社会をよりよく機能させるためには、どうしたらよいのか」という強い問題意識をもっていたからだ。

私はいわゆる「下流中産階級」に育った。しかし、なぜ私の家族が貧困を味わわねばならないのか、なぜ貧しい人がこの世にいるのか、なぜ貧困を撲滅することができないのか、当時はどうしてもわからなかった。経済学という学問は、その疑問に答えてくれるはずである、とそのときの私は考えていた。

ＭＩＴの指導教授はポール・サミュエルソン（一九一五～二〇〇九年）とロバート・ソロー。二人ともノーベル経済学賞を受賞した、超一流の経済学者である。修士号はシカゴ大学で取得したが、シカゴ大学も経済学では世界的に著名な大学だ。

そこで師事したのは、こちらもノーベル経済学賞を受賞したミルトン・フリードマン(一九一二〜二〇〇六年)。つまり、私は三人のノーベル経済学賞受賞者に師事するという、類《たぐい》稀《まれ》なる経験をもっている。

とはいえ経済学を学んでいたとき、そこで出合ったすべての理論に納得できたわけではなかった。あまりにもそれが「理論的」ではないか、と感じたのだ。経済モデルを構築したうえで、人々がどう行動するかを説明しようとするやり方が、現実離れしているように思えたのである。

そこでは、すべての人間は収入や富が増えるように行動する、すべての企業は利益の最大化をめざすという説明がされたが、そこで意思決定をする過程がどのようなものか、ということを経済学は教えてくれなかった。

そうした疑問が重なって、私は学位を取得した経済学の範囲を飛び出し、ビジネスや消費者行動に光明を投じるべく、マーケティングの世界に足を踏み入れたのである。その分野は生産者、流通業者、消費者などに対して私自身を開眼させる、居心地のよい分野だった。

そこで私は長い年月をかけ、マーケティングに関する書籍を五七冊、出版してきた。それまでのマーケティングの考え方を体系化し、S（セグメンテーション）、T（ターゲティング）、P（ポジショニング）、いわゆるSTPというマーケティングのフレームワーク（枠組み）を構築したことは、一般的にも知られているように思う。

＊

とはいえ、「社会をよりよく機能させるためには、どうしたらよいのか」という思いが、私のなかから消えることはなかった。

だからこそ、私は非営利組織（利益の再分配を行なわない組織・団体一般。社団法人、財団法人、宗教法人なども含む）のマーケティングである「ソーシャル・マーケティング」、さらには昨今、その問題点と限界が議論される「資本主義」というシステムそのものに関心を向けた。

富はどのようにしてつくられ、配分され、共有されているのか？　それについて説明できれば、富の配分をどう調整すれば世の中がうまく機能するかについて、理解が進むはずだと考えたのである。

その思いを結実させた書が、二〇一五年に出版した『資本主義に希望はある』（倉田幸信訳、ダイヤモンド社）だった。資本主義を他のシステムに置き換えることを提唱したのではなく、あくまでその主眼は、資本主義をどうやって「改善」していくのか、というところにあった。

そもそも、マーケティングが実践される方法と、資本主義には切っても切り離せない関係がある。マーケティングの目的は、顧客によい製品を提供し、十分な満足感をつくり出すことだ。よりマクロ的な視点で見れば、経済を通して人々の生活を豊かにすべく、良質の製品やサービスを生み出すことこそ、その本義である。マーケティングとは、企業だけが占有すべき概念ではない。それは経済システムである資本主義をも「改善」する方法論なのだ。

*

一方で世界を見渡せば、予測不可能なテロリズムの嵐が吹き荒れている。テロの原因の一部は、貧困に起因するものだろう。文化的な相違や信仰体系（宗教など）などとも深い関係がある。

共通の思想や習慣によって結束された集合体である「トライブ（部族）」が力をもつ背景には、インターネットが寄与している部分もある。いまは、自分が信じていることと同じ信条をもつ集団を探そうと思えば、検索をかけるだけで簡単に見つけられる。いったんそうした人たちの深みにはまってしまえば、それ以外の価値観を否定するまでに至ることもある。

一九六〇年代から八〇年代にかけて、ほとんどの人は「同じテレビ番組」を見ていた。彼らの多くはある程度、「均質化」された考えをもっていた。今日、文化が多極化していることには相応の理由があるが、結果としてそれが、世界の不安定化をもたらした面は否めない。

この状態を解決する鍵はあるのだろうか。一つが「教育」だろう。しかし、「教養人」とはいまどのような人たちを指す言葉なのか、それについてみなが同じ考え方をもつことも難しい。

私がかつて数学を学んだハーバード大学は、教えられたことに忠実に生きる人よりも、独立した思考ができる人を育てようとしていた。「ソクラテスメソッド」(対話方式)と呼ばれるその哲学が、人々に理性をもたらすための光明になるかもしれない。

不透明で先を見通せない時代において、私たちはどうやって社会とのかかわりを構築し、そのなかを生き抜く戦略をもつべきだろうか。人間の寿命がさらに長くなるなかで、個人は「働く」ことに対していかなる価値観をもつべきか。そうした個人の生き方についても、いま私が考えていることを本書では語ってみたい。日本の現状を踏まえたうえで展開される議論には、経営者層やマネジャーから未来を担う若者に至るまで、参考にしてもらえるところがきっとあるはずだ。

コトラー
マーケティングの未来と日本

目次

第2章

マーケティング1・0から3・0へ

人間中心主義への挑戦

第3章 マーケティング4・0とは何か

デジタル革命時代のアプローチ

第4章　ドラッカーとコトラー　私たちは同じ景色を見ていた

第5章

新しい富はどこにある?

逆転する国家と都市のパワー

第6章 万人に役立つ資本主義を求めて

アメリカをモデルに思考する

第7章

日本だけがもつ価値を自覚せよ
再び「世界最強のマーケター」となれ

装丁　水戸部功

第1章

経済学と経営学のあいだ

マーケティングの本質とは

シカゴ大学と「グレート・ブックス」運動

若いころ、私は作家になりたいと考えていた。実際に短い作品をいくつか書いてみたが、いまはそれがどこにあるのか、もうわからない。当時は『白鯨』のハーマン・メルヴィル、『魔の山』のトーマス・マン、『戦争と平和』のレフ・トルストイなどを、好んで読んでいた。

もしかすると経営に関心をもつ者は、作家への思いがあるのかもしれない。かのピーター・ドラッカー（一九〇九〜二〇〇五年）も四〇冊以上の作品を著したなかで、じつは、あまり知られていないが『最後の四重奏』（風間禎三郎訳、ダイヤモンド社）と『善への誘惑』（小林薫訳、ダイヤモンド社）という二冊の長編小説を書いている。

私が書きたかったのは『戦争と平和』のような偉大な作品ではなく、ある物語を描き出すようなレベルのものだった。しかし当然、物語を描くためには、登場人物、物語の設定、筋の扱い方などを知らなければならない。

あとになって、ドラッカーの書いた二つの小説が「失敗」であることを知った。いまだにその二冊に目を通してはいないが、長い歴史があるウィーンで育ったことが影響したのか、彼が書いたのは、歴史小説であったようだ。

いまから振り返れば、私が書きたかったのは、小説ではなかったのだろう。ある事象に対し、それを解説するようなものこそが、そこで意図していたものだった。そうした文章は事象そのものを読者に説明するなかで、自らの理解をも深めることができる。

そうした時代をすごしたあと、私は会計士になるため、シカゴにある名門、デポール大学の門を叩いた。しかし大学二年生くらいのころから、会計の知識などを得る以前に、もっと学ぶべきことがあるのではないか、と強く感じるようになる。実務以前に必要とされるのは、幅広い教育に裏打ちされた本質的な思想ではないか、という問題意識をもつようになったのだ。

同時期に私は、アメリカの哲学者であり、教育者でもあるモーティマー・アドラー（一九〇二〜二〇〇一年）と、一九三〇年に三十歳の若さでシカゴ大学総長に就任したロバート・メイナード・ハッチンス（一八九九〜一九七七年）が、一九三〇年代に始めた古典研究活動「グレート・ブックス」運動に出会う。「グレート・ブックス」とは、人類が向き合わなければならない課題について、その知恵が凝縮された古典のなかにヒントを見出そう、とする運動であった。

「グレート・ブックス」運動の中心は、同じシカゴにあるシカゴ大学だった。デポール大学での二年間を経たのち、私は奨学金を得て、シカゴ大学に入学することになる。

M・フリードマンに強烈な影響を受ける

シカゴ大学時代の専攻は、先にも述べたように経済学だった。ミルトン・フリードマンを旗頭として、自由主義経済を重視する「シカゴ学派」に師事することは、大きな刺激を受ける経験だった。フリードマンは「シカゴ学派」のもっとも聡明な学者の一人として、学部における中心的な立場にあった。机上の理論だけではなく、討論者としても頭が切れた。

フリードマンは、政府は市場に干渉すべきでない、という自由主義経済、民営化して市場の決定に委ねよという徹底した市場原理主義を提唱し、企業の社会的責任とは、株主利益を最大化させることである、という立場を貫いた。国家の役割は、警察と、契約強制のみであるべき、とも語った。

フリードマン自身は、オーストリアの経済学者であり、『隷属への道』（一九四四年）、『自由の条件』（一九六〇年）を著したフリードリヒ・ハイエク（一八九九～一九九二年）、さらにはイギリスの経済学者アルフレッド・マーシャル（一八四二～一九二四年）の新古典派経済学（ケンブリッジ学派）を受け継いで自由主義と社会進歩の考え方を深めたアメリカの経済学者、フランク・ナイト（一八八五～一九七二年）に甚大な影響を受けていた。

彼の考え方をよく表しているのが、妻のローズ・フリードマンとの共著『選択の自由』（西山千明訳、日本経済新聞出版社）という著書であろう。そこにおける自由とは「経済的自由」を指しており、それは民主主義の基盤にもなりうる、と彼は説いた。この「経済的自由」の核心は、「選択する自由」「使用する自由」「財産を私有できる自由」であり、もし「経済的自由」を制限すれば、「言論の自由」や「報道の自由」など、自由そのものに対して影響が及ぶ、と主張したのである。

フリードマンは教育システムについても、自由であることの意義を議論している。「優秀な学校が他の地域にあるかもしれないのに、なぜ地元の学校に子供を強制的に行かせるのか」という疑問を呈したのだ。学校運営への介入は政府の役割を増やし、親が学校を選択する幅を狭める。その幅を広げるには、教育バウチャー（教育クーポン）制度の導入が望まれる、と彼は示唆した。

つねに競争を激しくしようとする、というフリードマンの考え方は、別の言い方をすれば「選択肢を増やす」ということである。フリードマンから受けた影響があまりに大きかったので、私は彼のコースを二回も受講した。別段、成績が悪かったからではない。

十二歳のころ、私はカール・マルクスの『共産党宣言』を読み、その内容に強い影響を受けていた。平等をめざして「よい社会を構築したい」という思いは、当時から揺るぎのないものだったが、「シカゴ学派」の影響を受けるなかで、資本主義理論に傾倒していったのは必然ともいえることだった。

フリードマンは、現実の経済政策にも強く関与した。たとえば彼がその成果を誇る「チリの奇跡」である。「チリの奇跡」とは、フリードマンを筆頭とする「シカゴ学派」が、チリのピノチェト大統領政権下（一九七四～一九九〇年）を中心に、一九八〇年代から二〇〇〇年代に実施した新自由主義的な改革のことをいう。

経済的自由主義、国営企業の民営化、物価安定という目標に向けて、フリードマンの弟子のマネタリスト（経済のマネタリー〔貨幣的〕な側面を重視する経済学者）たちが政策を立案し、短期的には高い経済成長率を実現した。チリ以外でもフリードマンは中国をはじめとする各国に政策をアドバイスし、一九八〇年代には、日本銀行でも顧問を務めている。

新自由主義者からケインジアンへ

シカゴ大学において、二十代半ばで私は経済学修士号を取得した。当時の私は、経済学の教授として、際立った仕事をすることが何より大切だと考えていた。そうなると当然、次は経済学博士号を取得しなければならない。

ＭＩＴは当時、経済学において、もっとも先進的な大学の一つだった。いくつかの大学が進学先の候補にあがったが、ＭＩＴに進めば企業から奨学金がもらえることになり、私は進路を決めた。その教授陣の一人であったのが、のちのノーベル賞経済学者、ポール・サミュエルソン。彼との出会いが、「シカゴ学派」に影響された新自由主義的な考え方から、ケインズ経済学へと私を導くことになる。

ＭＩＴの博士号の審査委員会にいたのは、そのサミュエルソン、計量経済学者として経済成長理論で名を馳せた、のちのノーベル賞経済学者、ロバート・ソロー、さらには労働経済学者のチャールズ・A・マイヤーズだった。

彼らはイギリスの経済学者であるジョン・メイナード・ケインズ（一八八三〜一九四六年）の「経済が不況に陥ったときには、財政を緊縮させるのではなく、赤字公債発行による財政支出（公共事業など）で弾みをつけるべき」という見解を受け入れていた。サミュエルソンも、ソローも、インフレーションや通貨安については過剰に心配することなく、雇用の創出によって経済を回復させることを重視していたのだ。

審査委員会の面接では、彼らから多くの質問を受けた。その一つに、サミュエルソンからの「労働価値に対するカール・マルクスの理論をどう思うか」というものがあった。私は「労働価値は一つのモノをつくることに注《つ》ぎ込まれる時間数で決まる」という、その理論の弱点を詳細に説明した。

そこで私は「価値とは労働によってだけではなく、資本によっても生み出される。そしてその価値は、消費という体験下で認識される」と語った。いまから振り返れば、この考え方はマーケティングに一脈通じるところがある。

面接が終わってしばらく経ったあと、サミュエルソンとソローがシャンパンのボトルをもって、私のいた控え室にやってきた。そして彼らは、博士号取得のお祝いをしてくれたのである。

結局、MITに在籍しているあいだに私はケインジアンになった。彼らとのかかわりのなかで、純粋な自由市場を賞揚する新自由主義的な考え方は、心のなかから少しずつ消え去っていったのだ。

インドで目にした極度の貧困

経済学博士号をとる一年前、一九五五年に経験したインド生活についても触れておこう。MITの恩師であり、先の審査委員会の一人でもあるチャールズ・A・マイヤーズは、発展途上国の労働者、さらには労働組合の現状を調査するため、フォード財団からの研究基金を得てプロジェクトを立ち上げていた。

そこでマイヤーズから、プロジェクトを進める研究者として、インドで一年間、暮らしてみないか、という申し出を受けたのである。

ちょうどその年、私は妻であるナンシーと結婚したばかりだった。彼女がどう反応するかが気がかりだったが、その話を聞いたとき、ナンシーはとても喜んでくれた。

インドで私が研究したかったテーマは「インドの工業労働者の賃上げと生産性の向上」であった。そこで私は「もしインドの企業が従業員に、より高い賃金を払えば、労働者の生産性は向上し、それが賃金コストの上がった部分をカバーできる」と考えていた。そうしたサイクルを構築することができれば、インドには中産階級が誕生する、と確信していたのだ。

だが、私たちが現地に着いたとき、そこで目にしたのは「極貧」だった。貧困に打ちひしがれた子供たちが周りに群がり、お金をせびった。しばらくしてから、そうした子供たちにはチョコレートや食べ物をあげて無視したほうがいい、とインドの友人から教えられた。彼らが集めているお金は組織に吸い上げられ、好ましくない人物に渡されていたのである。

さらには私の研究テーマについても、当初の考えとは異なる現実が存在することを思い知らされた。インドの労働者は賃金を上げても、自分たちの村に戻ってしまったり、ギャンブルやアルコールにそれを使い込んだりしてしまって、生産性の向上が見られなかったのだ。最終的に「インドの資本家が賃金を相場に合わせるのには、理由がある」ということを、私は痛感させられることになった。

インドの貧困は、子供をあまりにたくさんつくることにも起因している。インドにはより優れた家族計画が必要である、と私は当初から考えていた。彼らの半数程度は、子供時代に亡くなってしまう。

インドではすでに一九五〇年代から人口増加を抑えるための政策が実行され、家族計画の数値目標、さらには奨励制度——避妊のためにパイプカットをした男性には政府がラジオを与える——も用意されていた。しかしもちろん、そうしたやり方が正しいとは言い切れない。いったん避妊手術を施してしまえば、あとで再び子供がほしいと思っても、もう手遅れだからだ。

進化するソーシャル・マーケティング

こうしたインドでの経験が、私が「ソーシャル・マーケティング」を生み出すための基礎となった。一九七〇年代に入ったあたりから、マーケティングの考え方を応用することで、貧困や環境破壊など、さまざまな社会問題を解決することができないだろうか、と考えるようになったのである。

「どうして石鹸を売るように、人類愛を売れないのか?」

これは一九五一年、心理学者であるG・D・ウィーブが語った言葉だ。当時、私はノースウェスタン大学ケロッグ経営大学院の若手研究者、ジェラルド・ザルトマン(のち、ハーバード経営大学院名誉教授)とともに、マーケティングの原則や概念、そのツールを社会問題の改善に応用し、ウィーブの問いかけに正面から答えたい、と誓ったのである。

人がタバコをやめるように説得することに、マーケティングを使えないだろうか。もう一人子供をつくるかどうかを少し慎重に考えることに、マーケティングを活用できないか。さまざまな社会問題を改善するために、第2章でも述べるセグメンテーション(市場細分化)、ターゲティング(ターゲット選定)、ポジショニング(ターゲット顧客の頭のなかに、自社製品について独自のポジションを築き、差別化イメージを植えつける活動)というSTPや、プロダクト(製品)、プライス(価格)、プレイス(流通)、プロモーション(販売促進)という4Pを応用できないか……。私たちは研究を重ねた。

当時から考えれば、「ソーシャル・マーケティング」は格段の進歩を遂げたといってよい。二〇〇八年、初の「世界ソーシャル・マーケティング会議」がイギリスで開催され、七〇〇人ものソーシャル・マーケターが一堂に会した。さらには「国際ソーシャル・マーケティング協会」という団体が誕生し、世の中の注目度は大きく増した。

今日では、世界中で何千人もの専門家が、社会問題を解決したり、改善したりするためにソーシャル・マーケティングの手法を活用している。一九八九年に出版したソーシャル・マーケティングに関する初の書籍『ソーシャル・マーケティング　行動変革のための戦略』（井関利明監訳、ダイヤモンド社）は第四版にまで到達し、ソーシャル・マーケティングの最重要文献といわれている。この分野がさらなる発展を遂げることを、心から願っている。

行動経済学とはマーケティングそのもの

さて、インドから戻ったのは一九五六年八月。その後、先に述べたように私はＭＩＴで経済学博士号を取得し、仕事を探しはじめる。

ノースウェスタン大学、デポール大学など複数の大学教員の職を検討していたなかで、フランクリン・ルーズベルト大統領の夫人であるエレノア・ルーズベルトが設立に尽力した、シカゴにあるルーズベルト大学の校風に強く惹かれた。そのルーズベルト大学で、私は学生たちに経済学を教えることになる。

しかし、そこで経済学から研究の分野を一変させる出来事が待ち構えていた。ルーズベルト大学で教壇に立ち、二年が経った一九六〇年、インドにおける研究でもサポートをしてくれたフォード財団が、全米から五〇人の教授陣を募り、ハーバード大学で高等数学を学ばせるプログラムをつくる、という話を耳にした。フォード財団は、経営大学院にいる教員たちに高等数学の知識を有している人が少ない、と懸念していたのだ。

私はそのプログラムに応募し、五〇人のうちの一人に選ばれた。そこで用意されていたプログラムは、経営、マーケティング、ファイナンス、会計など多岐にわたるもので、そのなかで私は、バデュー大学から来ていたフランク・バス、エドガー・ペッシマイア、オハイオ州立大学から来ていたロバート・バゼル、ノートルダム大学から来ていたエドモンド・ジェローム・マッカーシーたちとともに、マーケティンググループに属することになった。

線形計画法、行列代数、重回帰、確率論、シミュレーションなどの数学が、市場における分析にどう応用できるか、という観点から私たちは議論を重ねた。そうした稀有《けう》な経験が、結果的には自らの専門を、労働経済学からマーケティングに変えさせることになる。

それまでの既存の経済学は、需給によって価格決定がなされるプロセスについて抽象的に語っていたが、私はその考え方に納得していなかった。

経済学とマーケティング。一見すると、まったく異なるジャンルに思われるかもしれない。しかし、そもそも経済学とマーケティングは不可分のものである。

簡単にいえば、マーケティングとは生産者からスタートし、卸売り会社を経由して、最終的には小売業の現場に行くまでに価格がどのように決定され、企業の広告戦略などによって、需要曲線がいかに変わっていくか、ということを分析する応用経済学の一ジャンルなのだ。

最近よく耳にする「行動経済学」という分野は、私にいわせれば、マーケティングそのものである。かつての経済学は、いまやこの行動経済学という新しい競争相手に侵略されつつある。

市場の行動などに影響を与える要因や、微細なニュアンスなどを踏まえるためには、古典派経済学理論はあまりに抽象的なのだ。あるいは古典派経済学理論はいまでも、消費者、仲介者、生産者などそれぞれが合理的に行動するという前提に立っているが、その前提自体に問題がある。

経済がいかに非合理か、という研究を行なった心理学者のダニエル・カーネマンは二〇〇二年、ノーベル経済学賞を受賞した。あるいは行動経済学の理論家として知られるシカゴ大学ブース経営大学院のリチャード・セイラーは、ハーバード大学ロースクール教授のキャス・サンスティーンとの共著『実践 行動経済学 健康、富、幸福への聡明な選択』(遠藤真美訳、日経BP社、原題は"Nudge : Improving Decisions About Health,Wealth, and Happiness")において、「人の行動には影響を与えられる」と主張している。

Nudgeとは「注意を惹くために、ひじで軽く相手をつつく」という意味の英語で、適切な選択を促し、ある人の決断に影響を与える、ということだ。行動がどのようにして現出するのか、という視点だけではなく、いかにして人の行動に影響を与えるか、という視点こそが行動経済学の論点であり、それはマーケティングそのものである。

『マーケティング・マネジメント』誕生秘話

話をもとに戻そう。先に述べたマーケティングの「4P」を初めて提唱したのは、このプログラムに参加していたジェローム・マッカーシーである。私はマッカーシーたちと一緒に、数学的な文献の読み込みを進め、その重要なポイントをまとめあげるという挑戦も行なった。

そして、ハーバードでの何ものにも代え難い数学のトレーニングを受けたあと、私はルーズベルト大学に戻った。その後、ハーバードで友人になったドナルド・ジェイコブスから一本の電話がかかってきたのである。彼は、自分が勤めるノースウェスタン大学経営大学院での職に関心はないか？　と聞いてきた。ノースウェスタン大学経営大学院は、のちにケロッグ校と呼ばれる。

そのとき、彼は私にこういう質問もした。「経済学か、マーケティングか、どちらを教えたい？」。私はハーバードで数々のマーケティングのテキストを調べたとき、それらはいずれも説明的ではあるが分析的ではなかったこと、セールスマンがやるべきことを指示しているものが多く、きちんとした研究結果に基づいてはいなかったことを思い出した。独自理論を生み出せるのは、マーケティングではないか？　というジェイコブスの声は、私の胸に強く響いた。

最終的に私は「マーケティングに人生を賭ける」ことを決意する。以来、これまでその決断を後悔したことは、一度もない。

ケロッグ校に籍を移してから少し経ったあと、プレンティスホールという出版社の編集者、フランク・エネンバッハが私を訪ねてきた。彼は私に、本を出しませんか？　と聞きに来たのである。そこで私は当時、すでに執筆していた「マーケティングの意思決定モデル構築法」という原稿がある、これではどうか？　と聞いた。

彼はその原稿を見てから、こう答えた。「この本よりも先に、目新しいマーケティングの教科書を書くほうがよいと思います」。

彼の指摘は的確だった。当時のマーケティングの教科書には、営業管理から販促手法に至るまで、その方法論がこと細かく書かれていたが、私が当時求めていた「マーケティングの意思決定」に関して書かれていたものは少なかった。私はそこで、マーケティングの教科書とは、社会学、経済学、組織行動学、数学という学問領域のすべてを包含すべきである、と考えた。その原理をわかりやすく伝えるため、たくさんの実証・実例研究も掲載した。

原稿をつくるために、構想から二年を費やした。それがアメリカで出版されたのは、一九六七年のことである。タイトルは『マーケティング・マネジメント』。はたして反響を呼ぶのか、あるいはそうならないか——。まさにそれは「賭け」だった、といっていい。

多くの方に認識していただいているとおり、結果は大成功だった。その成功は、マーケティングが一つの独立した専門分野として確固たる地位を築くのに貢献した、ともいえるだろう。

初版の刊行から三十年近くが経過した一九九六年、『フィナンシャル・タイムズ』は、この本を「史上最高のビジネス書」の一冊に選定してくれた。私にとって、これほど光栄なことはない。社会の変化に応じるため、『マーケティング・マネジメント』は刊行後も改訂が続けられ、ダートマス大学のケビン・レーン・ケラーを共著者に迎えて、現在では第十五版まで版を重ねている。

マーケティングとブランディングの違い

さらに一九七〇年、私は最初にフランク・エネンバッハに手渡した『マーケティングの意思決定モデル構築法』も出版した。こちらは前著よりも高度で、読者が限定されるような本だ。最初は競合会社が一社であることを想定し、価格と広告という二つのマーケティング変数を使いながら、利益をもっとも大きくするためにはどのようにすべきか、を考える。その後、競合会社を複数に変えたり、マーケティングと生産の関係についても考察した。

それは利益を最大限にするため、企業はいかにベストな「マーケティングミックス」を組み合わせるかということについての数学的論文であった。私の母校であるシカゴ大学は、この本が世に出るとすぐ、教科書としてそれを採用してくれた。

『マーケティングの意思決定モデル構築法』の第二版からは、共著者としてゲイリー・リリアン教授にも加わってもらい、書名も『マーケティング・モデル』に変えた。

それ以降も、従来のマーケティングの範囲を超え、私は数々の本を世に出してきた。その最大のモチベーションは、自分がそれを書くことで、より深くその事象を理解したかった、ということに尽きる。そもそも既存のテキストに満足していなかった私は、経済理論、組織論、数学理論、消費者論の基本をすべて合体させ、マーケティングの概念を拡大しようとしたのだ。

難しい概念や複雑なことを整理し、誰もが理解できるようにまとめることは、私の得意手だと思う。妻のナンシーにも、そういわれることがある。一つのアイデアが浮かんだとき、それを俯瞰的に見ることで、他のさまざまな要素と関連づけることができるのだ。もちろん、一般の人には理解できない難しい言葉をたくさん使いながら論文を書くこともできるが、読み手がどのような人であれ、私はその人たちに対して、あることを明確に説明できる自信をもっている。

そもそも「マーケティング」という言葉を聞いたとき、いまだに一般の人は狭義の「宣伝」と同じ意味で、それをとらえるのではないか。テレビの十五秒コマーシャル、雑誌や新聞の広告などのイメージが、それである。

あるいはマーケティングとブランディングの違いがわからない、という人もいるだろう。かつてブランドとは、あるサプライヤーが選んだ一つの名前にすぎなかった。しかしいまやブランディングは、一つの独立した概念として進化している。なかには「マーケティングはもう必要ない。ブランディングこそが重要だ」と主張する人もいるが、ブランディングはあくまでマーケティングの一環であり、それだけでは成功に必要なすべての要素をカバーすることはできない。

カナダの女性ジャーナリスト、ナオミ・クラインは、その著書『ブランドなんか、いらない』（松島聖子訳、はまの出版）で、「一つのカテゴリーの商品のほとんどは似たり寄ったりなのに、ブランディングによって、ある会社の商品は、ほかの会社の商品よりも優れている、という間違った見方をもたらす」と主張した。
マーケティングという言葉も同じように、ある商品の価格が適正価格よりも高すぎたり、その商品の利便性が疑われるような事態が起こったりすると、不評を買ってしまうことになる。

その一方で、先にも述べたように、私はマーケティングをもっと幅広くとらえる。英語でそれを表現すれば、Key business activity（主要ビジネス活動）という言葉になるだろう。私たちは「企業の目的は、顧客の創造である」というピーター・ドラッカーの主張から始めなければならない。ビジネスとは顧客を惹きつけて離さず、購買を成長させる行為でなければならないのだ。

今日、マーケティングはたんなる「製品」へのそれにとどまらない。「製品」のマーケティングとは、私の言葉を使えば、次章で説明するマーケティング1・0ということになる。

時代の変化とともにマーケティングも変化し、マーケティング2・0、マーケティング3・0の時代を経て、現在の世界は、マーケティング4・0へと向かっている。そしてその対象も消費者だけにとどまらず、先にあげたソーシャル・マーケティングをはじめとして、国家や都市のマーケティング、平和のマーケティングに至るまで多岐にわたっているのだ。

次章では、世の中の変化と重ね合わせながら、そうしたマーケティングがどのように変遷してきたかについて、詳細な解説を試みたい。

第2章

マーケティング1・0から3・0へ

人間中心主義への挑戦

製品中心のマーケティング1・0

前章で、その一部について述べたように、そもそもマーケティングとは、たんなる製品中心の考え方ではない。現代では、テクノロジーがアナログからデジタルへと大きな変化を遂げ、生産者と消費者の両者に対して強い影響を与えつつあるが、わかりやすくいえば、マーケティングのコンセプトは、マクロ経済の状況に対応している、ということができる。その状況が変われば、消費者の行動にも変化が生じる。その変化が、マーケティング自体を変えていくのだ。

本章では、過去六十年のあいだ、マーケティングはどのような変遷を遂げてきたのか、ということについて概観してみたい。

そうしたマーケティングの最新段階を、私は「マーケティング4・0」と呼んでいる。個々人の自己実現欲求を満たす製品やサービスへの需要が高まっていくなかで、それを強力に後押しするマーケティングのことを指すが、その説明は次章に譲る。本章で述べたいのは、それ以前のマーケティングが「1・0」から「3・0」までいかにして変わってきたのか、ということだ。

そして残念なことに、今日のマーケターの多くはマーケティング4・0の世界になってもいまだ、マーケティング1・0やマーケティング2・0の段階にとどまっていることを、指摘しておかねばならない。

マーケティング1・0から始めよう。簡潔にいえば、それは先ほどから述べている「製品中心」に行なわれるようなマーケティングのことである。かつて、そこで中心になるテクノロジーが工業用の機械であったとき、そこから生まれる製品を潜在的な購買者に売るということが、マーケティングであった。

たとえばそれは自動車をつくり、販売しようとするときに、最初に行なうマーケティングのことである。企業はある製品のアイデアを思いつき、実際にそれをつくり、それを買いたい、と思う消費者に売れるように努力する。

そのためには、可能なかぎり生産コストを低くしなければならない。規模と規格をできるだけ大きくすることで価格を安く設定し、より多くの購買者に手にとってもらう、ということが、そこでの戦術的な指針だった。

「顧客は好みの色のクルマを購入できる。ただし、その好みの色が黒であるかぎり」

これは、T型フォードを生み出したヘンリー・フォード（一八六三〜一九四七年）の言葉である。この言葉はまさに、マーケティング1・0が製品中心の時代であったことを、みごとに表現している。

マーケティング1・0は"Spray and pray"と呼ばれることがある。韻を踏んだ表現だが、sprayは「広告に対してお金をスプレーする」、prayは「祈る」という意味だ。宣伝に宣伝を重ねたら、あとは誰かが購入してくれるのを祈るだけ——。まさにこれがマーケティング1・0の本質といえる。

換言すれば、その時代のマーケティングとは、生産を維持するための機能の一つにすぎなかった、といえるかもしれない。

いまや4Pはマーケターの大前提

一九五〇年代、ハーバード大学のニール・ボーデン教授は、マーケティング1・0の概念として、「マーケティングミックス」という言葉を生み出した。それは、一四ほどのマーケティングツールを組み合わせたものだった。一九六二年にはそのツールについて、前章でも述べたジェローム・マッカーシーが、それを「4P」にまで絞った。

マッカーシーはノースウェスタン大学のリチャード・クルウェット教授の指導のもとに学んだが、クルウェット教授はつねに「プロダクト」「プライス」「プロモーション」「ディストリビューション（流通）」について話をしていた。そこでマッカーシーは知恵を絞って、ディストリビューションを「プレイス（Place）」へと変更し、最初の文字がすべてPで始まる、響きのよいツールにした。

この「プロダクト」「プライス」「プレイス」「プロモーション」の四つに分類されるツールを組み合わせて考えることは、いまや多くのマーケターにとって、大前提のようになっている。その当時も4Pを設定してマーケティングを開始した会社は多数にのぼったが、私はこれが出発点であるべきではない、と考えていた。

このあとで述べるように、あくまでマーケティングは「STP」が中心となるべきだ、と思っていたのである。

なお私は一九八六年、『ハーバード・ビジネス・レビュー』に寄稿した"Megamarketing"（メガマーケティング）という論文のなかで、4Pに加えて、Political power（政治力）、Public relations（広報活動）という二つのPを追加している。

たとえばある国家において、その国民の行動をもっと大きな目標に向かって変えようとするとき、どうすればよいのだろうか。あなたがミャンマーで、国民が求める効果的な新薬を導入しようとするセールスマンだったとしよう。そこで役所が根拠のはっきりしない理由によって、その新薬を導入しなかったら？　もしかすると、その担当者はあなたに賄賂を求めているのかもしれない。

そこで、あなたができることは二つある。一つはミャンマーの大統領に連絡をとって、その役所の市民のニーズに対する無神経さを訴えることだ。大統領に訴えるという行動は、マーケティングミックスに「政治力」を加えることになる。

それがうまくいかなければ、製薬会社は新薬の重要性について公の議論を支援したり、記者を説得して新聞記事を書かせたりすることもできる。そうすることでミャンマー市民は役所に圧力をかけるだろう。その方法が「広報活動」だ。

あるいはサービス業の場合には、4Pにあと三つのPを付け加えることもある。サービス業の特性として、①無形性（触れられず、目に見えない）、②不可分性（提供者・被提供者と切り離されて存在できない）、③変動性（いつ、どこで、誰によって提供されるかでサービスが変わる）、④消滅性（蓄えられずに消える）という四つが存在しているからだ。

三つのPのうち、最初のPは、People（要員）。ほぼすべてのサービスは人から始まるが、そのサービスが提供されるとき、サービス提供者は顧客を満足させられる仕事ができる人かもしれないし、そうではない人かもしれない。二つ目のPは、Process（業務プロセス）。そのサービスが顧客サポートならばCRM（Customer Relationship Management：顧客関係管理）の改善が必要かもしれないし、支払いについてならば販売プロセスの見直しが求められるかもしれない。三つ目のPは、Physical evidence（物的証拠）。これは高級ホテルの立派な制服や、食の安全を担保する「トレーサビリティー」などが例になる。

マーケティング2・0のもつ戦略性

続いて「マーケティング2・0」に話を進めよう。先に述べたようにマーケティング1・0が「製品中心」の考え方であったならば、マーケティング2・0は、顧客（消費者）志向のマーケティング、と表現することができる。

本章の冒頭で、マクロ経済の状況が変わればマーケティングも変化する、と述べた。

マーケティング1・0からマーケティング2・0への変化には、まさにその「マクロ経済の変化」が強い影響を与えた。

一九七〇年代に入り、それまで順調だった国家の成長が急激に鈍化した。その原因として、オイルショックがアメリカ経済に対し、不況でありながらも物価が上がりつづける「スタグフレーション」をもたらしたことがある。スタグフレーションの結果、そもそもの需要が足りなくなり、不確実な時代のなかで供給サイドに視点を置いた4Pだけでは不足が生じた。

さらには、そうした状況下で新しい製品を生み出しても、その製品が企業の想定した消費者に簡単に届く、ということがなくなった。なぜならば、そこでは多くの製品が消費者にとって「コモディティ」（普及が進み、差別化が困難になった製品）になっていたからである。それらの製品は、消費者のなかで特別なポジションを獲得できてはいなかったのだ。

情報化社会の進展によって、消費者は、ある商品に関する十分な情報を手に入れられるようになった。消費者のニーズが満たされているような状況のなかで、消費者は数多く存在する商品群のなかから、好みの商品を選択することができる。

その一方で、競争が熾烈《しれつ》になってくると、同じ顧客層を狙おうとする製品が現れてくる。そこで企業にとって重要となるのは、顧客がほんとうに何を求めているのかを理解し、他の類似品とは異なる特色ある製品を生み出すことだ。すべての顧客に向けたものではなく、「この顧客層がこの製品を求めている」と認識することが、重要なのである。その認識をどうもたらすか、ということがマーケターの使命となった。

マーケティングにとっていえば、景気の悪化というマクロ経済の変化は、結果的には望ましいものだったのかもしれない。

そこでいま述べたような需要を刺激するために、マーケティングは「戦術的」な次元から「戦略的」な次元へと進化したからである。需要を効果的に生み出すためには、「製品中心」から「消費者中心」への切り替えを行なうべきである、とマーケターは理解したのだ。「戦術的」なマーケティングとは、「プロダクト」「プライス」「プレイス」「プロモーション」の4Pに代表されるような、多くの人の目に見えるものである。その一方で、「戦略的」なマーケティングとは、外からは見えにくい。ある会社のオファーと競合のそれとの違いをどう生み出すか、などが一例としてあげられるが、そうした「戦略的」なマーケティングこそが、「近代マーケティング」なのである。

「顧客参加型マーケティング」とは何か

そうした変化のなかで、４Ｐに代わって重視されるようになったのが、先にも言及した「ＳＴＰ」だ。そもそも私は、マーケティングはＳＴＰが起点になるべきである、と考えていた。繰り返しになるが、Ｓはセグメンテーション（市場細分化）、Ｔはターゲティング（ターゲット選定）、Ｐはポジショニング（ターゲット顧客の頭のなかに、自社製品について独自のポジションを築き、差別化イメージを植えつける活動）である。

市場を細分化（セグメンテーション）し、そこでフォーカスすべきターゲットセグメントを決定する。そのターゲットセグメントにどう認識されるか（ポジショニング）ということが、いわゆる「ＳＴＰ」戦略である。

こちらも例をあげておこう。たとえば生命保険会社。生命保険会社はいかなる家庭も生命保険に入るべきであると考えているので、すべての人に対して生命保険を買わせようとする。しかし、その結果としてもたらされるのは、保険会社間の熾烈な競争だ。

そこで保険会社は、顧客層を専門化するようにやり方を変える。たとえば、ある保険会社は高所得者層に特化する、ある保険会社はヒスパニックに特化する、というかたちである。これによってどのような保険販売員を揃えるべきか、販売プロセスをどう設計すべきかが決まってくる。あるいは高リスク層のリスクを見極める力が高く、適正な保険料率を計算できる能力のある保険会社は、他社に断られていた高リスク層を拾い集めるという戦略も有効だ。

こうして専門化を進めることで、その商品はその会社独自のものになる。そのなかで、保険会社の販売員の知識も専門的になり、他社の競合商品との違いを説明できるようになっていく。この段階でその保険会社は、マーケティング2・0にシフトした、ということができる。

さらに時代がくだると、人々はコンピュータを使用することが当たり前になった。インターネットがコンピュータをネットワーク化し、そのなかでエンドユーザー同士の交流が生まれることになる。

そこで促進されたのは、「口コミ」による情報伝達だ。ますます多くの情報を手にした消費者により、製品の価値が規定されていく傾向が、強化されたのである。こうしたなかでマーケターは、マーケティングの考え方をさらに拡大していった。

アメリカの高級オートバイメーカーであるハーレーダビッドソンのCEOであったボーン・ビールズは、自社の経営幹部に対して、オートバイレースへの積極的な参加を求めた。そこで創業者の孫であるウィリアム・G・ダビッドソンが、自社製品を自在にカスタマイズする愛好家たちを見て衝撃を受けたことが、ハーレーファンとハーレー社のエンジニアが交流を始めるきっかけになった。

デンマーク玩具メーカーであるレゴも、ブロックの商品開発に関し、積極的に顧客の参加を促進する戦略をとった。「レゴファクトリー」というサイトをつくり、レゴファンが自由にレゴの作品をパソコン上でつくることのできる仕組みを構築し、優秀な作品は実際に商品化する、などの取り組みを実践したのだ。

こうしたアプローチは、マーケティング2・0を少し先に進めた、「顧客参加型マーケティング」と呼べるだろう。

二〇一六年に世界を席巻《せっけん》した「ポケモンGO」も一例だが、消費者を参加させるという方法は、デジタルが消費者に「力を与えた」ことが影響している。デジタル化が進む以前には、消費者が手にすることのできる知識は、企業広告によって提供される情報だけに限られていた。

もちろんその当時も、人々は製品の情報交換を友人たちと行なっていた。しかし今日、フェイスブックをはじめとするSNS（ソーシャル・ネットワーキング・サービス）の力によって、かつてとは比べものにならない数の人から、消費者は製品についての情報や評判を収集できる。そこで消費者は、自らの判断に自信をもてるようになったのだ。

「顧客参加型マーケティング」がさらに進むと、消費者は自らがつくってほしい製品を、会社にデザインさせることができるようになる。より細かいカスタマイゼーションが可能になったのだ。初期の例はリーバイスのジーンズ。自らのサイズを測り、自分に合ったジーンズをつくる、という注文をリーバイスは受けつけた。

最近では、オンラインの眼鏡会社なども好例だろう。顧客が眼鏡の情報を提供し、オンラインのカタログからフレームを選択すると、やがて完成品が送られてくる。そこで顧客は、ほんとうに自らが希望するとおりのものを手にできる。

供給サイドから見れば、それまで企業は、消費者がほんとうにそれを望んでいるのだろうか、という確信がないままに製品をつくっていた。しかし真のカスタマイゼーションは、顧客が最終デザインまでを選択し、顧客が望んでいるものをそのまま、届けることができるのだ。

「体験」や「感情」が重視される時代

「顧客参加型マーケティング」に類するもので、「体験型マーケティング」という考え方もある。それは「体験を売る」ということだ。わが社が提供しているものは、競合他社が提供しているものとは違うということを、顧客に体験してもらい、理解させる。ビジネスとは「劇場」であり、体験型マーケティングとは、その舞台においてパフォーマンスを示すことだ。

「体験型マーケティング」のアイデアを提出したのは、B・J・パインⅡとJ・H・ギルモアの二人だ。彼らはその著書『経験経済 脱コモディティのマーケティング戦略』（岡本慶一、小高尚子訳、ダイヤモンド社）において、「商品」や「サービス」を経済価値のある「経験」に変化させる努力をすべきである、と述べた。

「経験は経済が扱う第四の売り物であり、サービスが財と区別されるのと同じように、経験はサービスと区別される」としたうえで、人々は財よりも経験を消費するようになっている、と彼らは主張した。そして顧客に究極の経験を提供するため、「娯楽性」（Entertainment：

エンターテインメント）、「美的要素」（Esthetic：エステティック）、「非日常性」（Escape：エスケープ）、「教育的要素」（Education：エデュケーション）の「四つのE」が必要である、と語っている。

たとえばビジネスマンをディズニーランドに連れていったり、午前三時に空港に来てもらい、フェデラルエクスプレスの輸送用の飛行機が到着するところを見てもらう。あるいはアマゾンの倉庫で、機械が本を見つけて取り出す作業を見学してもらってもいい。それを体験的に目にしてもらうことで、顧客はそのビジネスがいかにうまく機能しているかを理解できるのだ。

体験と同じように重要な戦略として、ストーリーテリングも紹介しておこう。ブランド構築に関して、人々の興味を惹きつけるストーリーをどのように伝えるか、という書籍が数多く出版されている。ストーリーという言葉は、優れたブランドをつくる、ということの言い換えともいってよい。

ブランド構築とは、そこで流された汗や、その商品にまつわる情熱についてストーリーを組み立てる、ということだ。そして優れたマーケティングとは、消費者を興奮させ、思わず声をあげさせるストーリーをつくることである、といっても過言ではない。

イーロン・マスク率いるアメリカの電気自動車メーカー、テスラは、先駆的なシステムを次々に導入し、実現させている。テスラは次に何をやるのか？　誰もがそれにワクワクしている。イーロン・マスクと彼の完璧を求める情熱には、偉大なストーリーが存在しているのだ。

ウォルト・ディズニー社やコカ・コーラ社も、その揺籃《ようらん》期からの自社の歴史をストーリーにすることができる。そうした会社からは、「ハピネス」に関するストーリーをたくさん見つけ出せるのだ。コカ・コーラ社はずばり、「Open Happiness」という言葉を使った。自社の歴史を振り返りながら、コカ・コーラ社がこれまでどのように「ハピネス」を世界に届けてきたのかを、著名人に語ってもらう。その話をフェイスブックでシェアしてもらう。

あるいは飲料製品に使用している「適切な水」をどのように調達しているのか、ということを説明し、顧客に対して水を大切に使うようにメッセージを出すことも、ストーリーテリングの一つだ。

そうした体験マーケティングよりもさらに踏み込んで、感情を揺さぶるマーケティングも存在する。そこでは「需要」ではなく「感情」に働きかけるのだ。

たとえば「タバコをやめさせる」という目的を達成するために、恐怖という感情を刺激する。おそらく喫煙者は、自分は非喫煙者に比べてがんになる可能性が高いかもしれない、と考えているからだ。その恐怖に〝つけこんで〟タバコをあきらめさせる。もちろん、彼らが「がんは怖くない」と感じているなら、それは時間のムダになる。

フェアフィールド大学のアルジュン・チョードリーはその著書『感情マーケティング感情と理性の消費者行動』（恩藏直人、平木いくみ、井上淳子、石田大典訳、千倉書房）で、以下のような結論を導いている。さまざまなマーケティング活動において、感情を高めることで商品に対するコミットメントなどを強化できる。マーケティングの戦略を策定するときには、「情緒的価値」をどのように高めるか、という戦術をあらかじめ用意しておく必要がある、という結論が、それである。

マーケティング3・0は価値主導

マーケティング2・0の次の概念が「マーケティング3・0」である。テクノロジーのさらなる発達によって、顧客はさらに多くの情報を手にするようになった。その一方で、マーケットではCSR（Corporate Social Responsibility：企業の社会的責任）にスポットが当たるようになった。

マーケティング3・0とは、価値主導のマーケティングである。マーケティング3・0においては、人々はもはや、ただの「消費者」ではない。彼らはこの世界をより望ましいものにしたい、という強い意思をもち、混乱に満ちた世の中への解決方法を提示できる企業を探している。それらの企業が提供するサービスに対して、精神的な充足感までを求めるのだ。

マーケティング3・0は、そのコンセプトを人間の価値や精神などにまで昇華させる。消費者を「全人的な存在」と位置づけ、「消費者」という側面以外のニーズもないがしろにすべきではない、と考えるのだ。先ほど「感情マーケティング」について述べたが、マーケティング3・0では「感情」に訴えるようなマーケティングを、「精神」に訴えるようなマーケティングによって補完するのである。

マーケティング3・0の段階にある企業は、「三つのP」のために働かなければならない。すなわち「利益」（Profit）、「人的サービスの質」（People）、そして「地球」（Planet）だ。

たとえばスターバックスは、自分たちがコーヒーに関するビジネスをしているだけでは

マーケティング1.0、2.0、3.0の比較

	マーケティング1.0 製品中心のマーケティング	マーケティング2.0 消費者志向のマーケティング	マーケティング3.0 価値主導のマーケティング
目的	製品を販売すること	消費者を満足させ、つなぎとめること	世界をよりよい場所にすること
可能にした力	産業革命	情報技術	ニューウェーブの技術
市場に対する企業の見方	物質的ニーズをもつマス購買者	マインドとハートをもつ、より洗練された消費者	マインドとハートと精神をもつ全人的存在
主なマーケティング・コンセプト	製品開発	差別化	価値
企業のマーケティング・ガイドライン	製品の説明	企業と製品のポジショニング	企業のミッション、ビジョン、価値
価値提案	機能的価値	機能的・感情的価値	機能的・感情的・精神的価値
消費者との交流	1対多数の取引	1対1の関係	多数対多数の協働

出典：『コトラーのマーケティング 3.0』(朝日新聞出版)

なく、そこで大量に使用するカップをどうすべきなのか、という問題に気づいた。スターバックスは使い捨てカップの削減や、ムダ遣いの防止を実現するためのアイデアを世界中から募集し、カップの再利用やリサイクルを進捗《しんちょく》させている。この問題に対してスターバックス会長のハワード・シュルツが取り組む姿勢は、真剣そのものだ。

クラフトフーズは自らの商品を、もっと栄養価の高いものにしようとしている。マクドナルドも二〇〇〇年代に入ってフレンチフライの油をよりヘルシーなものに変え、サラダを充実させるなどの取り組みを行なっている。

マーケティング3・0の特徴を、先に述べた生命保険会社の例で説明してみよう。できるだけ利益をあげるための鍵になるのは、できるだけ顧客が長生きをするための手助けを行なうことである、とあるときに保険会社は気がついた。なぜなら顧客が長生きすれば、保険会社にそのぶんだけ保険料を投資することになるからだ。その結果、保険会社はより大きな利益を得ることになる。

そこで保険会社は、自らの顧客が長生きすることを手伝うための方法を考えはじめた。たとえば健康によいものをどう食べるか、ほかに健康を維持するためにはどのような方法があるのか、あるいは事故を防ぐ方法は何か、など長寿につながるさまざまな情報を、顧客に提供する。さらには顧客がタバコをやめたり、肥満の顧客が減量したりすれば、保険料を下げるという戦術をとるかもしれない。

そこで、顧客はその保険会社に価値を感じるようになるだろう。そして、企業と顧客が継続的に取引をすれば、顧客が企業にもたらす価値は増大していく。

CLV（Customer Lifetime Value：顧客生涯価値）という概念を使う人が増えているが、CLVは、どの顧客がほかの顧客よりも価値を有しているのか、ということを知るための唯一の方法である。それは、企業と顧客が継続的に取引をすることによって、顧客が企業にもたらす価値（利益）のことを指す。

企業は一人の顧客に対し、同じ製品を繰り返し売りたいと考えるだろう。しかしそれだけではなく、自社の別の製品もその顧客への販売対象にする。保険会社でいえば、一人の顧客に対し、生命保険だけではなく、医療保険、火災保険、損害保険も売ろうとするはずだ。

一方で顧客からすれば、もしその会社が自らに対して「献身的」であると感じられるなら、別の商品も買いたい、と思うはずである。CLVを増大させるためには、会社がその顧客に対して「献身的」であろうとすることが、何より重要なのだ。

インターネット時代になると、個人の顧客のCLVを概算することは、以前よりも簡単になる。ネット上のクッキー（ウェブブラウザ内に蓄積される来歴情報）などに情報が存在しているからだ。CLVの計算をビジネスの一部にしているコンサルティング会社もある。CLVが高い顧客により多くのエネルギーを使えば、企業はより高い収益をあげることができる。

その一方、インターネット時代には、ありとあらゆる情報が瞬時に拡散する。ある事件が会社の評判を落とすとき、インターネットがあるかないかによって、その伝達速度はまったく異なるものになることだろう。

ガルブレイスが見抜いたアメリカの矛盾

つまり、マーケティング1・0、マーケティング2・0の時代に比べ、マーケティング3・0の時代においては、生命保険会社はより大きな社会的責任を帯び、顧客をホリスティック（総体的）に見ている、ということができるだろう。

アメリカ市民の幸福という観点について、それをホリスティックな視点から観察したのは、第二次世界大戦中に物価局の副局長としてインフレ抑止に尽力し、ハーバード大学教授などを歴任した経済学の巨人、ジョン・ケネス・ガルブレイス（一九〇八～二〇〇六年）であった。その著書『ゆたかな社会』（岩波現代文庫）で、ガルブレイスは次のように語っている。

ある家族が、しゃれた色の、冷暖房装置つきの、パワーステアリング・パワーブレーキ式の自動車でピクニックに行くとしよう。かれらが通る都会は、舗装がわるく、ごみくずや、朽ちた建物や、広告板や、とっくに地下に移されるべき筈の電柱などで、目もあてられぬ状態である。田舎に出ると、広告のために景色もみえない。（商業宣伝の広告物はアメリカ人の価値体系の中で絶対の優先権をもっている。田舎の景色などという美学的な考慮は二の次である。こうした点ではアメリカ人の考えかたは首尾一貫している。）かれらは、きたない小川のほとりで、きれいに包装された食事をポータブルの冷蔵庫からとり出す。夜は公園で泊ることにするが、その公園たるや、公衆衛生と公衆道徳をおびやかすようなしろものである。くさった廃物の悪臭の中で、ナイロンのテントを張り、空気ぶとんを敷いてねようとするときに、かれらは、かれらに与えられているものが奇妙にもちぐはぐであることを漠然とながら考えるかもしれない。はたしてこれがアメリカの特質なのだろうか、と。

ガルブレイスは「ゆたかさ」のパラドックスをそう指摘する。現在社会において、豊かな暮らしを構成するものとは、何なのか。

そうした問題意識のもと、『コトラー 新・マーケティング原論』（有賀裕子訳、翔泳社）で私は、「ホリスティック・マーケティング」という概念を提唱した。そのなかにおける大きな柱が、先にも述べたCSRである。

二〇〇五年、私はソーシャル・マーケティング・サービス社のナンシー・リーと共同し、企業はどのようにしてCSRを実行しているのかを調査した。われわれが選んだのは、IBM、マイクロソフト、マクドナルド、ゼネラルモーターズ、ゼネラル・エレクトリック、エイボン、ゼネラル・ミルズなどの多国籍企業である。

そこで私たちは、「あなたの企業は、CSRを実行しているか。実行しているなら、プログラムを説明してほしい」「あなたの企業は、大きな社会的大義を選び、積極的に状況を改善すべく、会社を鼓舞したか」「あなたの企業は、実行したCSRに対するリターンを、より高い収益性や慈善の観点から精査したか」「CSRのプログラムを拡大する計画はあるか、それをどのような方法でやるか」などの質問を行なった。

エイボンは、「エイボンの乳がんにさようなら運動」というコーズ（大義・主張）マーケティングを行なっていた。エイボンのピンクリボンのマークは、口紅やペン、コップから化粧ケースなど多くの製品で目にするが、そこで生み出される五〇～八三パーセントの純利益が、乳がんコーズのために寄付されていた。

ゼネラル・ミルズ財団は、二〇〇二年、アメリカ栄養学会財団や他の財団とともに、二

～二十歳までの青少年の運動や食生活の改善を地域社会に向けて奨励しはじめた。ゼネラル・ミルズ・チャンピオンと呼ばれたその取り組みは、食事と運動のバランスがとれた青少年の生活維持を呼びかける活動を行なう地域団体に、最大で一万ドルの補助金を提供する、というものである。

そして各社は、そこで寄付を受け取る団体が、自らの行動を具体的にどのように役立てたか、ということを積極的に知ろうとしていた。

CSRに似たものとして、ハーバード経営大学院のマイケル・ポーターが提唱したCSV（Creating Shared Value：共有価値の創造）という概念もある。この考え方は、社会的な価値と経済的な価値を同時に追求し、両立させることをめざす、というもので、本業において社会課題を解決し、そこで利益も生み出す戦略といえる。より多くの人たちにとって、世界をよりよい場所にするために、戦略的にSCRを進めるべきである、ということだ。

そこで企業はマネーマシンにとどまらず、思いやりのある存在に変身しなければならない。顧客はお金儲《もう》けにしか関心がない会社よりも、思いやりのある会社のほうを選択するだろうからである。

人間中心主義で利益をあげられるか？

本章の最後では、「マーケティング３・０」に必要な考え方がどのようなものかについて、『コトラーのマーケティング３・０』に記した一〇原則を摘記しておこう。

1. 顧客を愛し、競争相手を敬う
2. 変化を敏感にとらえ、積極的な変化を
3. 評判を守り、何者であるかを明確に
4. 製品からもっとも便益を得られる顧客を狙う
5. 手ごろなパッケージの製品を公正価格で提供する
6. 自社製品をいつでも入手できるように
7. 顧客を獲得し、つなぎとめ、成功させる
8. 事業はすべて「サービス業」である
9. ＱＣＤ（納期）のビジネス・プロセス改善を

10．情報を集め、知恵を絞って最終決定を

人間を中心に据えた企業でありながら、それでも利益をあげる。はたして、それは可能なのか？　という質問に対して、マーケティング3・0は、力強く「イエス」と答えるのである。

第3章

マーケティング4.0とは何か

デジタル革命時代のアプローチ

オンラインとオフラインが出会った

前章でマーケティング3・0の次の最新理論が「マーケティング4・0」である、と述べた。一言でいえば、それはデジタル革命時代のマーケティングアプローチといえる。企業と消費者のあいだのオンラインとオフラインの相互作用の組み合わせ、ブランド確立のためのスタイルと実体の組み合わせ、そしてIoT（Internet of Things：モノのインターネット、センサーやデバイスなどの「モノ」が、情報交換を行なうことで相互制御する仕組み）による機械のネットワークと人のあいだのネットワークの組み合わせが、その本質だ。

マーケティング2・0でも「顧客参加型マーケティング」という萌芽《ほうが》を生み、マーケティング3・0の「価値主導のマーケティング」をもたらしたのがインターネットだが、まさにそのテクノロジーそのもの、デジタル革命に焦点を当てたものが「マーケティング4・0」である。

これまでにもインターネットによってマーケティングは大きな変化を遂げてきたが、あえてその変化をマーケティング4・0と名づけることで強調したいのは、繰り返しになるが「オンラインとオフラインが出会った」ということだ。

マーケティングがデジタル革命の真っ只中にいるのは、紛れもない事実である。さまざまな企業や製品、サービスなどについて、スマートフォンを使って情報を入手しようとする消費者が、世界中で増えている。

たとえば、ある消費者が新車を買いたいと思い、その際に三つのブランドを候補にしている場合、フェイスブックの友達で実際にそのクルマに乗ったことがある人に、それぞれの評価を聞くことができる。あるいは評価サイトで人々の評判とスコアを見ることができる。

さらに専門家の評価を知りたければ、コンシューマーリポートのサイトや、J・D・パワー（カリフォルニア州を拠点とする市場調査・コンサルティング会社）のサイトにアクセスすれば、その三つのクルマについて、かなり客観的な評価を手に入れることもできる。

そうした状況のなかでは、いかなる企業も、価格相当の品質を提供することが必要になる。もしそれができなければ、消費者の購買候補から脱落してしまうのだ。現在において

「企業のほうが圧倒的に情報をもっている」という「情報の非対称性」は、完全に崩壊したのである。

一方で今日、企業の側も個々の消費者について、より多くのミクロな情報を手にすることができるようになった。

ある消費者がいま乗っている自動車は何か、その人の収入はどのくらいか、どのような雑誌を読んでいるか、どんなテレビ番組が好きか、彼は最近、自動車の広告を見たか、自動車についての検索を行なったか、ＳＮＳで何か発言したか……など、昔では考えられないレベルのミクロな情報までを入手できるのだ。

そうした情報をもとにして、企業は予測解析を実施するようになった。特定の見込み顧客がそのクルマのブランドにどのくらい関心をもっているか、買う心づもりがどれくらいあるか、などを推定できるようになったのである。

さらに、ある見込み顧客は製品を購入する確率が十分にある、と推定される場合、企業は新聞やテレビの広告に出てくるような、力強いメッセージをこの顧客に直接、なんらかのかたちで届けることができるようになった。

その先には、ＩｏＴを活用してその顧客の自動車の状態をモニタリングしたり、リアルタイムで自動的にコミュニケーションをとったりするような方向が模索されていくことだろう。

製品購入時に顧客がたどる「5A」

こうしたデジタル時代のなかで、私は顧客がある製品を購入するに至るための道筋のモデルを開発した。見込み顧客が最終的にその製品を購入する場合、「5A」という段階を経る、という仮説である。

5Aとは、「Awareness」（気づき）、「Appeal」（魅了）、「Ask」（尋ね・求め）、「Act」（行動＝購買）、「Advocacy」（推奨表明）という五つの要素から構成される。これは顧客の購買決定プロセスに関する理論であるAIDA（A＝Attention〔関心〕、I＝Interest〔興味〕、D＝Desire〔欲求〕、A＝Action〔行動＝購買〕）にとって代わるものだ。

そこで企業が最初に行なわねばならないのは、プロモーションを創造的に使い、ターゲットになる顧客に自社の製品やブランドを知ってもらうことである。それが「気づき」を与える、ということだ。

次に企業は「アピール」すなわち、他の競合ブランドを越えるように、ターゲットになる顧客に対して魅力的な申し出を行なわねばならない。これは「プロダクト」「プライス」「プレイス」「プロモーション」の４Ｐを企業がうまく設定することによって、達成することができる。

しかし、それでも顧客はその製品に関して確認したいことがあるかもしれない。先に述べたように、その顧客は企業に直接電話もできるし、検索して調べることもできるし、友人たちの評判を聞くこともできる。

そこで満足のいく答えを得ることができ、その製品が強い魅力を維持していれば、彼はそれを買おうと決めるだろう。

さらには、購入した製品が顧客のニーズと期待を満たすことができれば、同じブランドをまた購入するかもしれない。その製品をもう一度買うとき、さらに満足感が高まれば、彼は忠実な顧客になる。その製品や企業のファンとして、インターネット上でよい評価をほかの人に話してくれるかもしれない。

そうした段階にまで到達した顧客のことを、私は推奨者（Customer advocate）と呼んでいる。

企業は、見込み顧客が"I know"（その商品の存在を知る）、"I like"（気に入る）、"I'm convinced"（納得する）、"I'm buying"（購入する）、"I recommend"（人に薦める）の五段階をすべて経てほしいと願っているが、残念ながら違う道をたどるかもしれない。お店に入ったあと、その人は買わせたいものとは違うハンドバッグを見つけ、店員に一つ質問をしたあと、そのハンドバッグを気に入って買うかもしれないだろう。

あるいは、ひょっとしたらその人は購入の決断を遅らせて、そのあとに友達からネガティブな評判を聞き、結局、それを買おうとしないかもしれない。逆に、さらにほかの友達から好意的な評判を聞いて、最終的には買う決断をするかもしれない。いずれにしても、そこで5Aが重要となることに変わりはない。

ちなみに伝統的なマーケティングで重視されていたのは、初めの二つのA、すなわち「気づき」（Awareness）と「魅了」（Appeal）であり、あとの三つのAになればなるほど、デジタル革命による変化がその重要性に拍車をかけている。

「尋ね・求め」（Ask）は検索エンジンやソーシャルメディアがあってこそ可能になるものだし、「行動＝購買」（Act）はEC（電子商取引）サイトによって、大きく変容した。

「推奨表明」（Advocacy）も、ソーシャルメディアなしでは実現しえないだろう。

オムニチャネル管理の実相とは

次に、近年の他のマーケティングの主要概念と、マーケティング4・0との関係を見ていこう。企業はもっとも頻繁に起こりそうな、顧客の購入に至るまでの経路を精緻化しようとする。つまり、企業はその顧客がポジティブな経験として認識するであろう「顧客との接点」を管理しようと試みるのだ。

前章でも見たように、近年では、顧客の「体験」が重要である、と声高に語られる。これは消費者の体験のモニタリングがデジタル革命によってウェブチャネル上で可能になり、それがリアルな世界にまで拡張しているからである。あらゆるログ（コンピュータの操作記録）が残り、リアルタイムにモニタリングでき、それがリアルタイムでコントロールされる。

もちろん企業側は、「顧客との接点」が一〇〇パーセントはコントロールできないことを知っている。しかし先の5Aを踏まえれば、それぞれの要素にマーケティングツールがどのようにかかわるか、ということが理解できるはずだ。

たとえば、「気づき」（Awareness）段階では、テレビ広告の果たす役割が大きいなかで、インターネット上の宣伝やレコメンデーションによって知ることも増えるだろう。「魅了」（Appeal）段階では、実際に使っている知人、友人のネット上の発言や、店頭で実物を手にしたり、店員に薦められりすることが重要だろう。「尋ね・求め」（Ask）段階では、インターネット上の検索が主な手段となる。ＳＮＳ上の知り合いや質問サイトへの問いなども重要だろう。「行動＝購買」（Act）はネットとリアル両方で起こり、「推奨表明」（Advocacy）は圧倒的にＳＮＳである。

さて、マーケティング４・０と、マーケティング１・０〜マーケティング３・０の最大の違いは、先にも述べたように、マーケティング４・０はデジタル革命時代のマーケティングである、ということだ。

繰り返すが「顧客との接点」はマス媒体からネット媒体にまで広がり、詳細化し、リアル店舗の店頭からネットチャネルにまで拡大した。コミュニケーションチャネルも、販売チャネルも、企業は従来よりもはるかに広い幅でそれを精緻に管理しなければならない。これを「オムニチャネル管理」という。

「オムニ」とは「すべての、あらゆる」という意味であり、ご存じのとおりオムニチャネルとは、実店舗やオンラインストアをはじめとする、あらゆる販売チャネルや流通チャネルを統合することである。その際、さまざまなデータが入手できること、そして顧客データの一元化が重要であることは、いうまでもない。

なぜいま「顧客エンゲージメント」か

ところで、従来から顧客との絆《きずな》が重要であることは変わらないのに、なぜここに来て「顧客エンゲージメント」が強調されるのだろうか。

この「顧客エンゲージメント」とは、企業自体や商品、ブランドなどに対する消費者の深い関係性のことで、「愛着」「結びつき」「絆」を意味する。それは「満足」や「誠実」からさらに踏み込んだ感情であり、消費者の積極的な関与や行動を伴う。

そこで消費者に最終的に思わず声をあげさせることができれば、その消費者は間違いなく「推奨者」になってくれる。より深い「顧客エンゲージメント」を生じさせるためには、ブランド構築を強化するストーリーテリングの役割を重視しなければならない。人々の心の奥底にまでメッセージを届けるには、その人を感動させられるようなストーリーが必要不可欠だ。

振り返れば、従来のCRMではロイヤルティが重視されたが、そのロイヤルティはリピート購買や累積購買額によって計測されたため、ポイント施策などの囲い込み策による「人為的なロイヤルティ」が横行し、「CRM＝優良顧客優遇＋囲い込み策」が定石になってしまった。

それよりも真の愛着や結びつきのほうが重要だ、ということを強調するために、「顧客エンゲージメント」という概念が、あらためて語られているのだ。

「顧客エンゲージメント」はたんに購買だけでなく、どれだけ熱狂的に語ってくれているか、どれだけサイトを見に来てくれているか、ということもデジタルが可視化する。そうした意味ではマーケティング4・0の登場も、「顧客エンゲージメント」が重視されるのも、デジタル時代における必然といってよいだろう。

マーケティング4・0が狙うべき消費者

マーケティング4・0が成功したのかどうかを測る尺度については、どのように考えればよいだろうか。その測定基準は二つある。

第一は、そのブランドを認知した人のうち、購入に移行した人の割合だ。私はこの測定基準を、ＰＡＲ（Purchase Action Ratio：購買行動比）と呼ぶ。

第二は、推奨者領域（Advocacy）へと移行した、そのブランドを認識している顧客の割合だ。私はこれをＢＡＲ（Brand Advocacy Ratio：ブランド認知推奨比）と呼ぶ。「ブランド推奨者」とは、その企業やブランドに対してロイヤルティをもっているために、自発的かつ金銭的にも無報酬で、それを推奨したり擁護したりしてくれる人のことである。これらの比率を使えば、「マーケティング投資利益率」を計算することができる。

次に、将来の市場形成を見極めるため、マーケティング4・0は、どの消費者のセグメントに着目すべきだろうか。私が注目したいのは、世代、ジェンダー、メディア特性の三つである。

世代でいえば、ミレニアル世代といわれる、一九八〇年前後から二〇〇五年ごろにかけて生まれた世代である。彼らはインターネットとともに育ち、その前の世代の人たちと比べると、人と人のつながり方が異なる。複数の仕事をもつのが当たり前で、ネットワークによって連結し、起業家精神が旺盛である。彼らの情報収集のスピードは、旧世代の人たちよりもはるかに速い。

ジェンダーでいえば、女性である。女性は従来から消費市場の主人公だが、近年、その影響の度合いはさらに増している。なぜなら新商品や種々のマーケティング施策に対して、男性に比べてかなり敏感なのだ。女性のショッピングや購入における意思決定プロセスについて、私たちはもっと知るべきことがある。

以前に比べれば、女性は企業でもますます高い地位に就くようになっており、マイノリティや女性の組織内での昇進を阻《はば》む「ガラスの天井」を破った人や、一流企業のCEOになった人もいる。

その一方で、男性が会社を経営するために役立っていた「男らしさ」という価値観は弱まっていくだろう。これは女性の存在感が高まり、女性固有の子育てのメンタリティーが企業内でも通用するようになって、社会全体の価値観がシフトするだろうからだ。

メディア特性でいえば、「ネチズン」である。「ネチズン」とは、ネットワークとシチズン（市民）の合成語である「ネット市民」のことで、インターネットやソフトに習熟した才能ある人たちのことを指す。グーグルやフェイスブック、アップル、アマゾンを生み出し、新たなソフトやIoTの開発をするような人々はすべて、ネチズンである。IoTが私たちの生活やライフスタイルに計り知れない影響をこれから与えることは、疑いないだろう。

マーケティング4・0と「自己実現」

おそらく読者の多くが知りたいのは、「マーケティング4・0」と「自己実現」にどのような関係があるのか、ということではないか。マーケティング4・0という概念を提唱して以来、「それは自己実現のマーケティングである」と私はさまざまなところで語ってきたからだ。

高名な心理学者であるアブラハム・マズロー（一九〇八～一九七〇年）は一九五四年、かの有名な「マズローの欲求段階説」を提唱した。人間が自己実現に向かって成長する段階を、マズローは五つの欲求で説明した。

1. 生理的欲求（Physiological needs）
2. 安全の欲求（Safety needs）

3．社会的欲求／所属と愛の欲求（Social needs / Love and belonging）
4．承認（尊重）の欲求（Esteem）
5．自己実現の欲求（Self-actualization）

たとえば貧しい人は最初の二段階の物質的欲求のところに位置しているが、裕福な人になれば、すでに自己実現のことを考えている場合が多い。そしていま、そうした人がかつてよりも、かなりの割合で増加しているのだ。

その理由はもちろん、社会全体が物質的により豊かになったことがあるが、一方で、インターネット時代になって自己実現に邁進《まいしん》する人が以前より増えたこともあるだろう。ソーシャルメディアは「総表現化社会」化を推し進め、そこで承認欲求レベルが満たされることによって、マズローのいう「自己実現の欲求」にまで到達する人が増加しているのだ。

まさにそれはウィリアム・シェークスピアの喜劇『ウィンザーの陽気な女房たち』に出てくる言葉「世界は私の思いのままだ」という状態ではないか。かつてはどの社会でも、洋服屋の息子は洋服屋になり、靴屋の息子は靴屋になる、というように、社会的な役割に

マズローの欲求段階説

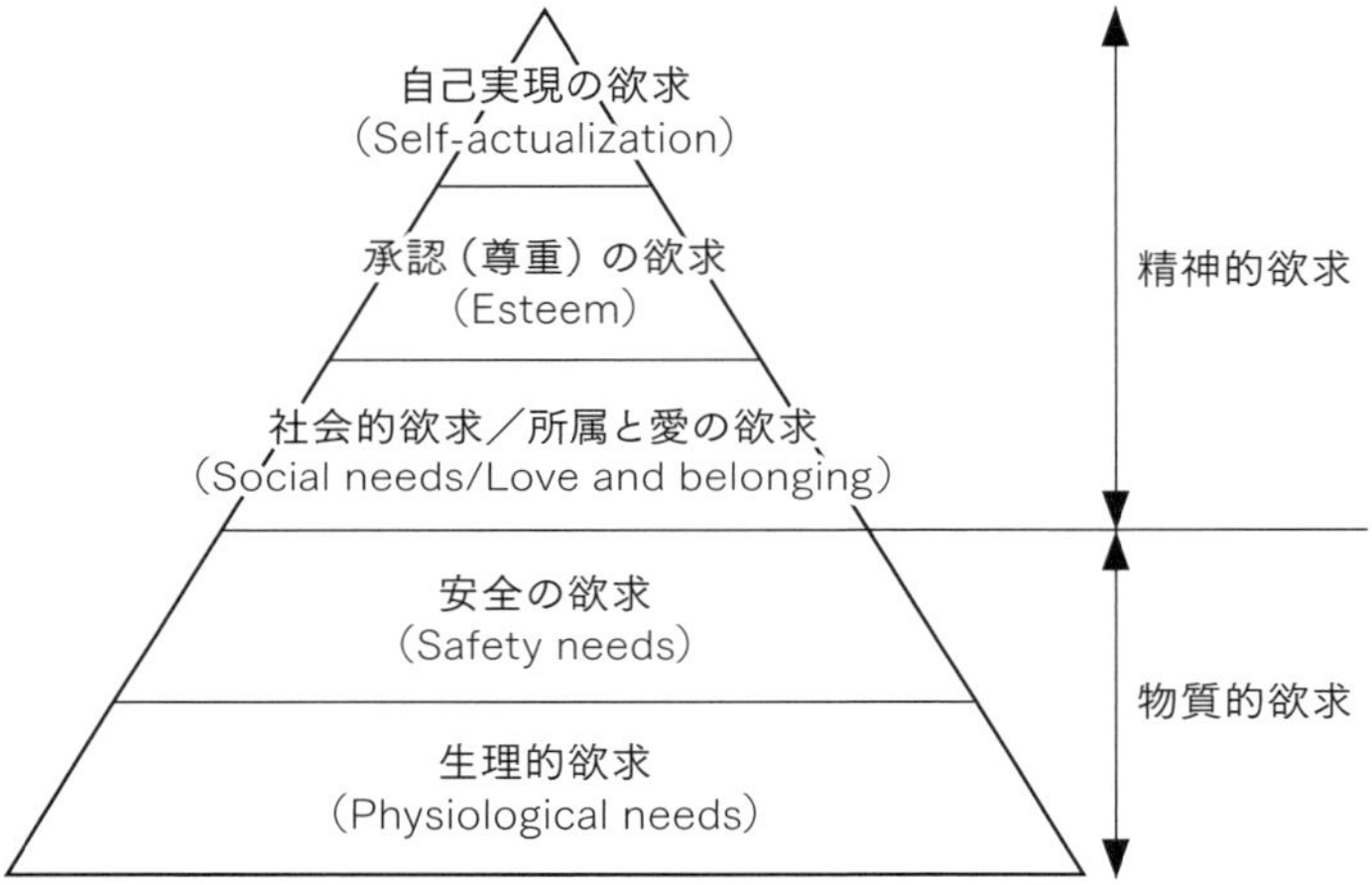

ついての固定化がなされていた。そうした時代には、生きていくために他の選択肢はなかったし、「自分がやりたいことをやり抜く」というタイプの人を目にすることも稀だった。

　ところが私たちはいまや、成功者のストーリーや、彼らが世界中で活躍している場面をいくらでも目にすることができる。ある人が一夜にしてユーチューブで有名になる、ということを知ってしまったのだ。他人よりも優れている部分を磨くことで、「世に知られるブランド」としてアピールが可能であることに、多くの人は気がついた。

　そうなれば映画スターであれ、著名なシェフであれ、自分が魅力を感じるものになってみたいと思い、それに邁進する人が増えるのは自明なことだろう。デジタル時代において、以前よりもはるかに多くの人が自己実現に邁進していることを、マーケターは意識すべきなのだ。

心理学的知見と「自己実現」の関係

自己実現の話をしたので、マーケティングにおける心理学的知見を少し振り返っておきたい。私自身は、人の行動を決める要因やさまざまな心理学の理論を、初期のころから強く意識してきた。

一九六五年に発表した論文では、オーストリアの精神医学者であるジークムント・フロイト（一八五六〜一九三九年）のモデル、アメリカの経済学者・社会学者であるソースタイン・ヴェブレン（一八五七〜一九二九年）の議論、旧ソビエト連邦の生理学者であるイワン・パブロフ（一八四九〜一九三六年）の研究などを用い、購入者の行動についての違いの解説を試みた。

フロイトは『幻想の未来／文化への不満』（中山元訳、光文社古典新訳文庫）のなかで、「われわれは文明化されなければならないが、文明化すれば、必ずしも人間にとって自然ではない行動に追いやられる」という趣旨を述べている。

フロイトはエス（本能的性衝動の源泉）、自我（エゴ）、超自我（スーパーエゴ）がどう私たちの人格や欲求を構築したか、ということを考え抜いた。そこで彼が提起したのは「私たちは不満が高まりすぎないように文化を制御し、協力しながらよい社会を築けるだろうか」という問題であった。

ちなみに私の人生にもっとも影響を与えた一冊が、この『幻想の未来／文化への不満』である。

一方、ヴェブレンが一八九九年の著作『有閑階級の理論』（村井章子訳、ちくま学芸文庫）で提唱したのは、上流階層の人は、自らの力を見せつけるため、余暇や服装、家具、住宅、美食などの「顕示的消費」「代行消費」などをするようになる、その虚栄心こそが消費の本質である、という考え方であった。

こうした心理学的知見と自己実現との関係について、私たちは考察を深めていかねばならない。

たとえば自分があることを好きでやっている場合、それを労働である、と認識するのは難しいだろう。これこそが「自己実現」の感覚である。私もハードワーカー（働き者）とよくいわれるが、たんに仕事を楽しんでやっているだけで、ハードワークをしている意識はまったくない。

こうした感覚をもつ人が、先に述べたソーシャルメディアの発展によって、これからますます増えていく。そうした心理学的知見とデジタル化が交差したところに、新しいマーケティングの可能性が存在するのだ。

どのような企業が顧客に「選ばれる」？

最後に、こうしたデジタル化の波にさらされている「マーケティング4・0の時代」に、どのような企業が顧客に「選ばれる」のか、ということを考えてみたい。

"Firms of Endearment : How World-Class Companies Profit from Passion and Purpose"（親愛の企業：世界規模の企業はいかにして情熱と志から利益を得るか）の著者であるラジェンドラ・シソーディア、ジャグディッシュ・シース、デイビッド・ウルフらは、消費者が「誠実だ」と感じている企業をアンケート調査した。そこで名前のあがったアップルやアマゾン、コカ・コーラなどの二八社は、顧客にとって何が「特別」だったのか。

この調査が示唆したのは、これらの企業はすべて「目的と情熱」をもって運営されているということだ。具体的にはそれらの企業には、八つの共通要素があった。

1. すべてのステークホルダーの利益を一列に平等にしている。
2. 管理職の給料が、比較的控えめである。
3. 経営トップに接するのに、オープンドアポリシー（社長室のドアをつねに開けておき、従業員がいつでも話しかけられる制度）をとっている。
4. 従業員の給与が同じカテゴリーでは高く、従業員トレーニングも長く、離職率も低い。
5. 顧客に対し、情熱的な人を雇う。
6. サプライヤーを真のパートナーと位置づけ、生産性向上、品質改善、コスト削減に協力する。
7. 企業文化をもっとも大きな資産と考え、競争上の優位性の主要な源になると考えている。

8. マーケティングコストは同業者よりもはるかに低いのに、顧客満足度と顧客維持度ははるかに高い。

この本が書かれたのは二〇〇三年だが、その結論は「マーケティング4・0の時代」における企業戦略に、いまだ示唆を与えるものといえる。

レジリエンス、アジリティ、マインドフルネス

そして変化と破壊が激しい現在の世界において、企業が生き残っていくために求められる特質は、以下の二つではないか。いずれもよく耳にするキーワードだ。一つは「レジリエンス」。これは特定の問題や損失に見舞われたとき、そこから復元するための能力のことである。もう一つは「アジリティ」。これは迅速に学び、変化する状況にスピード感をもって対応する能力のことだ。

一方、そうした時代のなかで、個人はどのような対応が求められるのか。最近、全世界で注目を浴びているのが、いま自分に起こっていることをそのまま認識し、心を自然に保

つための訓練法である「マインドフルネス」である。マインドフルネスは仏教の考え方に強い影響を受けているが、現在、そのマインドフルネスを従業員に導入しようとしている企業が増加している。

グーグルは、マインドフルネスを採用した最初の企業の一つである。グーグル内で「陽気な善人」というあだ名をもつ人材部門、人材育成担当のチャディー・メン・タンは、CEOであるラリー・ペイジから要請され、社内で瞑想の講座を数百回にわたって指導し、その著書『サーチ！ 富と幸福を高める自己探索メソッド』(柴田裕之訳、宝島社)はベストセラーにもなった。

グーグル以外にも、ゼネラル・ミルズ、ゴールドマン・サックス、アップルなど、マインドフルネスを採用している企業は多い。

禅を採り入れたトレーニングが、これまでにまったくなかったわけではない。一九七〇年代にアメリカで大流行した、ワーナー・エアハード氏が生み出した自己啓発系トレーニングであるEST(Erhard Seminar Training)も、禅をその要素に組み込んでいた。私もESTを受けたことがあるが、たしかにその後、考え方がポジティブになったことを覚えている。

変化の激しい時代において、企業に求められるものがレジリエンスとアジリティであるならば、個人に求められるものこそ、心の安定を生み出すマインドフルネスといえるのではないだろうか。

第4章
ドラッカーとコトラー
私たちは同じ景色を見ていた

「近代マネジメントの父」とのつながり

「あなたはピーター・ドラッカーのような人ですね」とよくいわれる。二〇〇五年に他界したドラッカーは、「近代マネジメントの父」として知られる。それだけではなく、彼はマーケティングの分野においても、草分けとも呼べる存在だった。マーケティング学者に対して顧客中心主義の重要性を教えてくれたその人が、ドラッカーだったのである。

マーケティングに関する彼の箴言《しんげん》のなかで、もっとも逆説的なものは、「マーケティングの理想は、売り込みを不要にすることである」というものだ。ある製品やサービスに対し、顧客に「これがほしい」と感じさせ、それが自然に売れる状態をつくり出すことが、マーケティングである、と彼は説いた。そのためにはもちろん、顧客がいま何に価値を見出しているのか、ということを学ぶ必要がある。漫然と製品を生み出し、後づけのようにその製品を語ろうとする姿勢を、ドラッカーは批判した。

たとえば、テスラの新しい自動車が世に登場すれば、人々はその製品に対して列をつくるだろう。顧客を不必要に誘導しなくとも、その製品は自然に注目を浴びるのだ。

ドラッカーと私には、深いつながりがあった。ある日、私のオフィスに突然、「フィリップ・コトラーさんですか？　ピーター・ドラッカーです」という電話がかかってきたのだ。声の主は、ドイツ語なまりの英語を話していた。初めのうちは何かの冗談だろうと思ったが、はたせるかな、それがほかならぬピーター・ドラッカーであった。

以前から私は彼の著作を読み込み、その洞察力に大きな刺激を受けていた。彼の頭脳がいったいどうなっているのか、いつも不思議に感じながら、その知識の深さと溢れんばかりの教養に圧倒されていたのだ。ドラッカーは「写真と同じような正確な記憶」をもっていて、ヨーロッパ史を国別・年代別に記憶していた。彼の論文には統計的な情報が詰まっていたが、そのデータを掘り起こすためのアシスタントは存在していなかったように思う。

電話口に出ながら、私は心が躍った。とにかく冷静になるよう、自分に言い聞かせたものである。

受話器越しにドラッカーはこういった。「あなたの『非営利組織のマーケティング』についての論文を読みました。ぜひお会いしませんか？　カリフォルニア州のクレアモントにある私の家に足を運ぶことはできませんか？」。私はすぐに「もちろん、うかがいます」と答え、日程を決めて、いそいそとシカゴから飛び立った。

初対面の日の議論が書籍に収録される

カリフォルニアに到着すると、ドラッカーは私を自分のクルマに乗せて、彼が教鞭を執るクレアモント大学の学内を案内してくれた。ドラッカーはクレアモント大学で経営学を教えるだけではなく、同じくクレアモントにあるポモナ・カレッジで東洋美術に関する講義も担当していた。

彼は自分の研究室に行くよりも先に、大きなギャラリーへと足を運んだ。学内にあったプライベートギャラリーには、ドラッカー自身が収集した美術品が展示されていた。日本の屏風《びょうぶ》、掛け軸など、それは素晴らしいコレクションだった。

ドラッカーと私はそのコレクションを眺めながら、数時間にもわたって、たっぷり会話を交わした。私が日本の根付を集めていたことは「はじめに」で述べたとおりだが、私たちは二人とも、アートに強い関心をもっていた。「わび」「さび」などの西洋とは異なる日本のアートの概念についても、私たちは意見を交換した。

その後、私はドラッカーの自宅を訪れた。そこで並外れた物理学者である、妻のドリス・

ドラッカーに挨拶をした。優れたテニスプレーヤーでもあったドリスはピーターがこの世を去ってから九年後の二〇一四年十月、百三年の長寿を全うする。

自宅でも私たちの会話は、美術館やオーケストラ、舞台芸術、宗教にまで及んだ。夕方になると、ドラッカーは近所のレコーディングスタジオに私を連れていき、そこで私たちは非営利組織がビジネスとマーケティングの概念をどのように使えばよいのか、ということについて議論を続けた。

「マーケティングは、非営利組織の活動と経営者にいかに役立つか」と彼は私に問うた。私は「非営利組織は顧客のニーズを的確に把握しているが、その活動は顧客ニーズに沿ったものには必ずしもなってはいない」と答えた。その日の議論は録音され、のちにドラッカーが出版した『非営利組織の経営』（上田惇生、田代正美著、ダイヤモンド社）に収められることになる。

非営利組織の問題点を見抜いたドラッカー

一九七〇年以降、ドラッカーは非営利組織に対するコンサルティング業務を積極的に引き受けるようになる。彼が非営利組織向けに「もっとも重要な五つの質問」という手法を開発したことは、あまりにも有名だ。「われわれのミッションは何か」「われわれの顧客は誰か」「顧客にとっての価値は何か」「われわれにとっての成果は何か」「われわれの計画は何か」という五つが、その質問である（『経営者に贈る5つの質問』上田惇生訳、ダイヤモンド社）。

ドラッカーは、非営利組織が抱えている問題点を見抜いていた。それは、ミッションや理念が立派でも、「マネジメントが不在であった」という一点に尽きる。

ドラッカーと時を同じくして、私も一九七〇年代ごろから、マーケティングが非営利組織にとってどのように役立つか、という研究を開始した。私が非営利組織に関心を抱くようになったのは、一九六〇年代から三十年にもわたって、シカゴの病院でボランティアとして働いた母、ベディ・コトラーの姿を目の当たりにしたことが大きい。

研究を進めていくと、私にも非営利組織からのコンサルティングの仕事が舞い込むようになった。私がこれまでにコンサルティングを務めた非営利組織は、ＹＭＣＡ（キリスト教青年会）、アメリカ赤十字社、アメリカがん協会からシナゴーグ（ユダヤ教の会堂）まで多岐にわたる。

たとえばＹＭＣＡの場合、新しくＹＭＣＡを開設するときに、どのような場所を選んだらよいのか、いつオープンするのが適切か、運営を効率的にするにはどうしたらよいのか、などについての相談があった。アメリカがん協会からは、どうしたらもっと寄付金を増やすことができるのか、という質問をされた。

「助言がほしい。でもお金儲けはいやだ」

非営利組織の人たちから相談を受けているあいだに、興味深いことを発見した。非営利組織の人たちは私に助言を求めるが、同時にそこで多くの人たちが、ビジネス的な考え方に抵抗を示したのである。

アメリカがん協会の人は、私にこういった。

「あなたはこの協会をビジネスとして考えようとしている。しかし、私はこの協会の会員としてビジネスをしているのではない」

他の非営利組織の人たちも、同じようなことを口にした。彼らは、ビジネスとは強欲であり、お金儲けは邪悪なことであるかのように認識していた。「助言がほしい。でもお金儲けはいやだ」というのが、彼らの本音だったのだ。

そこで私は、「あなた方は資金を集めたいのでしょう？　であるならば、寄付をする人の思考を理解しなければなりません。彼らがお金を寄付する動機を知らなければならないのです。それを正しく認識することができれば、彼らは寄付することを誇りに思い、組織のメンバーになってくれます」という趣旨のことを語った。

宗教的な組織に対しては、次のようなことをいった。

「カトリックやプロテスタントなど特定の宗派にいかに入信させるかということが、目的ではありません。キリスト教の台頭は、マーケティングとストーリーテリングの結果です。イエスとは、一つのストーリーです。私が助言できるのは、あなた方の宗派が、その信徒であることを誇りに思うような人たちをもっと集め、彼らが日曜の朝、教会に来るようにすることです」

一九九一年一～二月号の『ハーバード・ビジネス・レビュー』において、ハイテクマーケティングの権威と呼ばれ、アップルやインテルなどの企業を成功に導いたマーケティング・コミュニケーション企業であるレジス・マッケンナ社の創業者、レジス・マッケンナ氏は、"Marketing is Everything"という論文を発表した。

「マーケティングがすべての仕事であり、マーケティングがすべてであり、すべてがマーケティングである」という彼の意見に、私は強く同意する。非営利組織という組織でも、経営的な発想をそのなかに導入することで、彼らが提供するサービスの質を向上させることは必ずできるのだ。

そうした経験を経ながら、当時はまだ一般的に知られていなかった非営利組織の研究に、私は心血を注いだ。一九七五年にはアメリカでマーケティングを非営利組織に応用するための入門書として、アラン・アンドリーセンと『非営利組織のマーケティング戦略』（井関利明監訳、新日本監査法人公会計本部訳、第一法規）を出版した。

この本は現在、第七版にまで達し、ビジネススクールの学生が学ぶ入門書として十分な評価を受けたが、さらに私は個別の非営利組織の現場を意識し、大学、医療、社会福祉、慈善団体、宗教団体、美術館という六分野について、出版を決意した。

アートや宗教もマーケティングの対象

美術館については、十歳下の弟であるニールと共著で『ミュージアム・マーケティング』（井関利明、石田和晴訳、第一法規）を上梓《じょうし》し、美術館は訪問者や寄付者をいかに惹きつけるべきか、ということを説明した。この本が美術館の館長、学芸員たちのデスクに置いてあるのを、よく見かけたものである。

いまでは世界的に有名となった「ビルバオ・グッゲンハイム美術館」を有するスペインのビルバオ市から、最初に街の活性化策を求められたとき、私はこういった。「この街には目玉がない。必要とされているのは、パリのエッフェル塔のように、世界中の人が訪れたいと感じるようなもの、たとえばほかにはない美術館や劇場などだ」。

そのあとしばらくして、ビルバオは世界的な建築家であるフランク・ゲーリーとの契約を締結し、「ビルバオ・グッゲンハイム美術館」が動き出すことになる。ビルバオのプロジェクトについては、次章でも言及しよう。

ちなみに私がアートに関心を抱いていることは、先にも述べたとおりだが、現代アートにおいては、ガラス工芸の収集家である。現代ガラス工芸連合（ＡＡＣＧ）の理事会に呼ばれるなどした結果、これまでに私は数多くの現代ガラス工芸を集めてきた。そして膨大になったそのコレクションをどうすべきか、悩んだ結果、フロリダ州のリングリング美術館にそれを寄付したのである。リングリング美術館がこのほどつくった新しい展示館は、コトラー・コヴィル・ガラス・パビリオンと名づけられた。

宗教については、信徒を増やす方法論を学んでもらうために、"Building Strong Congregations"（強力な宗派を築く）という本を共著で出版した。私自身は自らをそれほど宗教的な人間だとは思わないが、人々が日々の生活を送るなかで、宗教の役割は必ず存在する。神とはかかわりがないように思えるところでも、道を外さずに正しい行ないをすることを促す点で、宗教の役割は大きい。

そこで私がいいたかったのはもちろん、宗教がどのようにマーケティングされているのか、ということではない。先に述べたように、宗教団体が信徒のニーズを把握し、信仰などによってそのニーズを充足させることで、さらなる信徒を増やす、あるいは信徒を維持できることを示したかったのだ。

さて、そうした非営利組織の研究が終わりに近づいていたころ、そこで「ある視点」を欠落させていたことに気がついた。その視点とは「公共部門」である。私たちはしばしば、公共部門が提供するサービスがお粗末極まりないという経験をさせられる。「なぜ免許証を受け取るためだけに、これほど長い行列に並ばなければいけないのか」という思いを抱いた人は、少なくないはずだ。

公共部門が提供するサービスの問題点は、各機関がいわば独占企業に当たるような存在であり、顧客は選択の余地なく、そのサービスを享受しなければならない、というところにある。公務員に欠如しているのは第一に、自分たちがよりよいサービスを提供して顧客志向を高める、という考え方、第二に、あることに対してイノベーションを起こそう、とする意欲だ。

そこで私は『社会的責任のマーケティング』(恩藏直人監訳、早稲田大学大学院恩藏研究室訳、東洋経済新報社)でも共同研究を行なったナンシー・リーと、公共部門のパフォーマンスを改善するためにはどうすればよいのか、ということを調査し、『社会が変わるマーケティング 民間企業の知恵を公共サービスに活かす』(スカイライトコンサルティング訳、英治出版)として、世に問うたのである。

ドラッカーと「イノベーションの本質」

話をドラッカーとのかかわりに戻そう。一九九〇年、「非営利組織のためのピーター・F・ドラッカー財団」が創設された。創設に尽力したのは、ガールスカウトアメリカ連盟の元指導者を務めたフランシス・ヘッセルバインである。ドラッカーはヘッセルバインのガールスカウトが、五歳児のために始めた「デイジースカウト」を高く評価していた。

財団が創設された目的は、「非営利組織がビジネスのように運営されること」であった。先にも述べたように、その趣旨はもちろん、非営利組織をビジネス化するということではなく、経営のアイデアを活用し、その活動に責任をもてるような運営を行なう、ということである。

その諮問《しもん》委員会に入らないか、と私は誘われた。財団は毎年、非営利組織のトップなど数百人を年次総会に招き、彼らが学者や経営者と議論を交わす場を提供することで、多くのものを非営利組織にもたらしてきた。ドラッカー自身も刺激を受けたのだろう、そこで数多くの非営利組織から、「自分たちが何をし、なぜそうし、何を行なわねばならないかを考える手段こそ、もっとも重要なマネジメント手法なのです」という意見を聞いたからこそ、先に述べた「五つの質問」が生み出されたのである。

財団は革新的な非営利組織に対し、いくつもの賞を授与した。私自身、年次総会には何度も出席したが、そこでドラッカーの最新のアイデアを聞くことが、いつも楽しみだった。そこでは誰もがドラッカーとの交友を楽しんでいた。財団は現在、「リーダー・トゥー・リーダー研究所」と名を変え、活動を続けている。

ドラッカーは、非営利組織の多くが戦略を軽視していることを嘆いていた。そして、その戦略を構築するためには、改善とイノベーションが不可欠であることを強調した。

ドラッカーがイノベーションについて徹底的な考察を試みたことは、あらためて述べるまでもないだろう。彼は『イノベーションと企業家精神』（上田惇生、佐々木実智男訳、ダイヤモンド社）のなかで、「企業家はイノベーションを行う」と規定し、それを「供給に関わる概念よりも需要に関わる概念、消費者が資源から得られる価値や満足を変えることと定義することができる」と述べている。

もちろん非営利組織のみならず、今日において数々のイノベーションは、われわれの日常を大きく変えた。スマートフォンからナノテクノロジー、ＡＩ（人工知能）まで、私が生まれたときには影もかたちもなかった技術が、人類の生活を一変させてしまった。

いまやほぼすべてのビジネスは、イノベーションに何らかの投資を行なわねば、未来がないことを理解している。ワールプール社がよい例になるだろう。ワールプール社はミシガン州に本社を置き、洗濯機や乾燥機などの製造で有名なメーカーだが、一九九〇年代から、ヨーロッパやアジアの企業がその市場に参入し、熾烈な競争に直面することになった。

そこでワールプール社は、新しいアイデアが誕生したときには市場のなかに入り込んで一カ月間生活し、顧客の心情を把握することでその考え方を理解すべきだとした。商品開発などで必要とされるテクノロジーについては、社内のみならず社外のナレッジワーカーを活用し、さらにアメリカだけでなく各大陸に研究拠点を構築して、イノベーションを生み出す基盤を整えた。

つねに革新的な考え方を求めつづけた結果、ワールプール社はそれまでには考えもつかなかったサービスを生み出した。たとえば、通常であればただの駐車スペースとしか認識されないガレージに冷蔵庫を置くことで、より快適な空間を生み出せるのではないか、という発想から生まれた一連の商品群などが、それである。

企業は自らが「破壊する」存在になれ

イノベーションという言葉を聞いたとき、みなが思い出すのは、ヨーゼフ・シュンペーター（一八八三～一九五〇年）の「創造的破壊」という概念だろう。「イノベーションは創造的破壊をもたらす」とシュンペーターは喝破《かっぱ》した。私の知るかぎり、彼はもっとも偉大な経済学者の一人である。ヨーロッパからアメリカに渡ったとき、彼は次のような言葉を口にしたという。

「私は青年時代、三つの野心をもっていた。一つ目は、ウィーンの社交界の寵児《ちょうじ》であること。二つ目は、オーストリアにおける乗馬の名手であること。三つ目は、世界最高の経済学者であること」。それに続けて「しかし、私はそのうちの一つを実現できなかった」と語ったそうだ。

三つのうちの何を達成できなかったかを彼は明らかにしていないが、偉大な経済学者であることとは間違いない。イノベーションの本質は「破壊」である、というのは正鵠《せいこく》を射た指摘だ。今日では、以前のような漸進《ぜんしん》的な変化とは違って、さまざまな業界において衝撃的な「創造的破壊」が進んでいる。

シュンペーターの「創造的破壊」をさらに磨いて「破壊的イノベーション」という概念を考案したのは、ハーバード経営大学院教授であったクレイトン・クリステンセンである。彼はその著書『イノベーションのジレンマ　技術革新が巨大企業を滅ぼすとき』（玉田俊平太監修、伊豆原弓訳、翔泳社）で、商品や産業の例をあげながら、みごとな説明を行なった。

クリステンセンが強調するのは、優秀な経営者が正しい経営判断を行なうことで危機がもたらされる、というジレンマだ。たとえば以下のように。

既存のものよりも廉価で、性能が劣る技術を目にしたとき、顧客に高品質の製品を提供することで地位を築いてきた企業の経営者は、その技術に対して経営資源を投入することを躊躇《ちゅうちょ》する。しかしそうしているうちに、鉄鋼大手はスクラップから鉄鋼をつくる電炉メーカーの侵食を受けた。そして、この破壊的技術が廉価なままで品質を向上させたとき、鉄鋼大手にはとるべき策が残っていなかった。いまや、かつて業界の支配者であったUSスチールなどの名前を、私たちが耳にすることはあまりなくなった。

最近では、二〇一二年に経営破綻したイーストマン・コダックの例なども「破壊的イノベーション」の典型だろう。銀塩フィルム大手であったコダックは、自らその需要を破壊したくはない、と考えていた。その後、デジタル時代の到来により、すべての写真はパソコンを使えば、いつでも自分でプリントできるようになった。しかし、そこで他の企業が破壊的技術によって需要を破壊することを、コダックは止めることができなかった。

そこでコダックは一九九三年、モトローラ社の副社長を務めていたジョージ・フィッシャーをCEOとして招聘《しょうへい》する。彼はフィルム需要の落ち込みを補うために、ネットワークと消耗品の提供に力を注ぐが、その努力が実を結ぶことはなかった。のちにフィッシャーはコダック時代を振り返り、組織がうまく動かなかった、と述懐している。

いまや、破壊とかかわりのない業界は存在しない。デジタル技術の発達によって「破壊的イノベーション」は、つねにわれわれの隣にある。しかも今日では、無償で、新しいソフトを開発するために自らの時間を喜んで捧げる人もいる。Airbnb（エアビー・アンド・ビー）などが典型だが、クルマや家などの資産を所有する人が、それを他の人に貸し出す「コラボラティブ消費」という現象もある。そうしたものを販売してきた企業にとって、これは望ましくないだろう。

創造的破壊を超えて、すべてのものが破壊される、という説さえ存在する。もしかしたら、いま人間が取り組んでいる行動によって、将来は人間による労働が必要とされなくなる日がくるかもしれない。たとえば医者という職業ですら、いつかはそれがＡＩに置き換わることなどで、不必要になる日がくるかもしれないのだ。

現在、ある人が大学で学んでいることは、彼がその大学を卒業するころには、時代後れになっている可能性がある。そもそも大学という存在自体が、オンライン講義などの新しい学習システムによって、淘汰《とうた》の波に直面している。個人がそうした変化に追いつき、その変化を利用できるようになるには、「生涯学習者」になるほかはない。

一方で企業は、既存事業が破壊の波にさらされる脅威を感じながら自分たちが破壊される前に、「破壊する」存在へと変わるべきだ。

イノベーションはいかにして生じるのか

そもそも、イノベーションとは、どのようにして生じるのだろうか。

たいていの場合、それはトップダウンで生み出されるが、トヨタ自動車では違うという。トヨタは創造性が末端にまで浸透した組織の模範といえる。フロアにいる誰もが新しいアイデアを出すことを奨励されている。トヨタでは、七割にも及ぶ従業員が新しいアイデアを提出し、その多くが実現に移されると聞く。一般に思われているよりも、自社にはずっと多くの創造性が眠っているものなのだ。

もちろんそのなかには、いま自らが取り組んでいる仕事が失われてしまうようなものも含まれる。誰も自分の仕事がなくなるようなアイデアを出したくはないが、終身雇用制が機能していれば、そうしたイノベーションを発案しても問題はない。その人は、社内で他の仕事に移ることができるからだ。私たちは、じつは仕事の多くが「人を遊ばせないでおくためだけの無意味なもの」であることを忘れてはいけない。

巷間《こうかん》いわれるように、日本人は模倣し、それを改善し、進化させるのが得意である。かつて日本人はアメリカ製の自動車を徹底的に研究し、改善し、より廉価な製品をつくった。日本人のイノベーションとして思い出すのは、ソニーのウォークマンだ。『コトラーの戦略的マーケティング』（木村達也訳、ダイヤモンド社）のなかで、私は「革新的で不連続な思考を必要としているときに、戦略的ブレークスルー・モデルは有効」であると語った。ウォークマンはまさに過去の延長線上ではなく、新しい発想をすることによって生み出された真のイノベーションである。

二〇〇三年、私はスペインの経営大学院ＥＳＡＤＥ《エサデ》のフェルナンド・トリアス・デ・ベス教授との研究で、イノベーションを体系的に分析することを試みた。『コトラーのマーケティング思考法』（恩藏直人監訳、大川修二訳、東洋経済新報社）としてまとめたその本で強調したのは、一つのことを突き詰める「垂直志向」よりも、そこにさまざまな視点をもちこむ「水平思考」の重要性である。

一例をあげれば、シリアルに関して新しい商品を考案するよりも、そのシリアルでほかにできることがあるかを考える、ということだ。たとえば、それをキャンディーやシリアルバーにしたり、ヨーグルトの上にシリアルが入ったカップをつけたらどうだろうか。

日本の事例では、高分子吸収体を大きな柱として、乳幼児用おむつからペット用のシートまでを水平展開しているユニ・チャームの例などを紹介した。二〇一一年には同じくトリアス・デ・ベス教授とともに、『コトラーのイノベーション・マーケティング』（櫻井祐子訳、翔泳社）を世に問うた。そこでは、企業がほんとうに革新的な組織になるためには何が必要か、ということについて、組織論的な見地から提言を行なっている。

デューイの至言が日本に教えること

イノベーションと日本との関係で耳にするのは、国民性や教育面をその理由として、日本という国には「起業家精神」が育ちにくい、という話だろう。逆に、アメリカの若者は起業家精神に溢れている、とも語られる。これについては終章でも論じるが、私が教授を務めるケロッグ校の学生を見ていても、彼らはＩＢＭのような大企業で働くことに関心を示さない。

ビジネスを興し、それを成功させて売却し、莫大なお金を儲ける。そのお金でまた新しいビジネスを興す。そうした起業家たちをシリアル（連続した）・アントレプレナーと呼ぶが、その典型が前章でも言及したイーロン・マスクだ。

日本では起業家精神を育てるため、教育方法を「記憶を教える」ことから「思考を教える」ことに変えねばならない、という議論がある。もちろんこれは日本だけが抱えている問題ではない。

アメリカのマサチューセッツ州に、バブソン大学という私立の起業家教育に特化した大学（修士課程であるビジネススクールは、F・W・オーリン経営大学院という名称）がある。この大学には、在学中にやりたいプロジェクトを明確にしなければ、入学すらできない。そのプロジェクトは製品開発の場合もあれば、資金調達の場合もあれば、サービスの場合もある。

ある生徒が将来、農業をやりたい、と考えているとしよう。しかも屋外農業ではなく、ビルのなかでたくさんの野菜を栽培したい、というプランをもっていたとする。彼は、そのプランを大学に説明する。大学はその生徒を受け入れたのち、技術的にそれを可能にするような知識が増えるコースを選択させる。もちろん、その技術を学ばなければ前には進めない。あるいは創造性を育成するための授業も、コースに組み込まれている。

それに倣《なら》えば日本の教育も、科目から始めるのではなく、子供が関心をもっていることから始めて、そのなかである科目を教える、というやり方ができるはずだ。ある子供が野球が大好きなら、バッターの打率の計算などを通じて算数を学ぶことができる。

二十世紀を代表するアメリカの教育哲学者であるジョン・デューイ（一八五九〜一九五二年）は、いつも次のように語っていたという。

いまいる場所から始めなさい。課題から始めてはいけません。

この指摘は、日本でも問題視されている画一化された教育に対し、変化の方向性を示すものだろう。

ただし、留意すべきは「起業家精神」を強調しすぎてしまうと、その他の手法を見失ってしまう可能性がある、ということだ。たとえば、サムスンは新しい製品を考案するとき、企業内に二つのチームをつくって競争させると聞く。その競争こそが、斬新な製品をもたらすという画期的な発想の転換だ。つまり、創造性はさまざまな方法によってもたらされるのである。それを一律に「これだけ」と規定することは視野を狭めてしまう可能性があることを、覚えておかなければならないだろう。

第5章
新しい富はどこにある？
逆転する国家と都市のパワー

国が発展するとはどういうことか？

イノベーションこそが企業を成長させ、経済を発展させる原動力である。ピーター・ドラッカーはこう語ったが、二十一世紀における経済発展とは、何に基づくのだろうか。新しい時代の「富」の源泉は、どこにあるのだろうか。

二〇〇七年のサブプライム・ローン問題に端を発した金融危機によって、先進各国は低成長時代に突入した。二〇〇〇年ごろには三パーセントあったアメリカの実質GDP成長率は、二〇〇九年には一パーセント台にまで低下し、欧州のユーロ諸国でとりわけ財政状況が厳しいといわれたPIIGS諸国（ポルトガル、アイルランド、イタリア、ギリシャ、スペイン）の一部は、マイナス成長に陥った。

その一方、中国やインドネシア、マレーシアなど、アジア諸国では高成長率を続けている国もある。

とくに西側各国では、経済成長とは民主主義がもたらすものである、という考え方が根強かった。しかし現実を見れば、韓国、台湾、インド、ブラジルなどの国家が民主主義を採用し、経済発展を成し遂げてきたが、その一方で、中国、シンガポール、サウジアラビアなどの中央集権国家も、民主主義を採用しなくとも経済はうまく回っているように思える。

もし経済成長が、民主主義という政策装置を必要としないのなら、その源泉はいったい、どこに求められるのだろうか？　もっといえば、そもそも国が発展するとは、どういうことなのだろうか？

第二次世界大戦後、開発経済学者たちが焦点を当ててきたのは、国家の経済成長であった。冷戦の只中において、ＩＭＦ（国際通貨基金）などの国際機関は、経済成長を眼目とする政策を採用してきた。国家建設において課題とされたのは、たとえば中央政府の政策や社会計画、インフラストラクチャーの整備などであった。

そもそも国民国家という形態が定着してから、比較経済学などの学問は、国家ベースの数字を使用してきた。名目ＧＤＰが国家を比べるときの基準となり、購買力平価（Purchasing power parity＝ＰＰＰ：モノの値段を基準にした通貨の交換比率〔レート〕。同じモノはどの国でも同様の価値があるはずだという一物一価の考え方でレートを計算する）はあまり使われていない。しかし名目ＧＤＰによる比較では、違う国に住んでいれば、似たようなライフスタイルをもっていたとしても、コストを比べることができない。

さらに国ごとのデータでは、ある国のなかでそれぞれの都市のGDP差がどのくらいあるのか、ということもわからないし、GDPに対してそれぞれの都市がどのくらい貢献しているのか、ということも把握できない。

二〇一一年のデータによれば、インドの上位一五都市は、国全体の七・五パーセントの人口しか有していないにもかかわらず、GDPでは国全体の五六パーセントを生み出していた。国のGDPデータは、その国内の都市データよりも後れをとっているのである。

二〇一〇年から二〇二五年のあいだのブラジルのGDP成長率見込みは三パーセントだが、サンパウロの同時期年次成長率は四・三パーセントである。平均すると、世界の大都市は、一人当たりGDPが国全体のそれより八〇パーセントも高い。

ジェイン・ジェイコブズの慧眼

国家が富を形成する存在ではない、ということを鋭く論じたのは、アメリカのジャーナリスト、ノンフィクション作家のジェイン・ジェイコブズ（一九一六～二〇〇六年）であった。

彼女は初期の著作である『アメリカ大都市の死と生』（山形浩生訳、鹿島出版会）のなかで、アメリカ国内の都市と都市地域間の競争を分析し、ある都市はなぜ競争に打ち勝ち、ある都市はなぜ敗れたのか、という要因を見出した。そこで彼女がたどり着いた結論は、都市は永久に存在しつづけるかもしれないが、そこにある富と経済力はその限りではない、ということだった。

さらに彼女は『発展する地域　衰退する地域　地域が自立するための経済学』（中村達也訳、ちくま学芸文庫）で、国家ではなく都市こそが富を生み出している、という事実を論じた。彼女は大都市が富をつくり上げるとき、自国内で輸出入を担っている地域といかなる協力を行なったのか、というプロセスを示し、同時に都市とは何か、ということを定義した。ジェイコブズによれば、その独自性を保ち、新しい財を生産可能であることが都市の定義を満たす。一方で生産工場だけを誘致した地域、あるいは補助金や軍隊などに依存している地域などはそれに当てはまらない。

二〇〇六年にこの世を去った彼女は、新興国の巨大都市の発展などを目の当たりにすることはなかった。しかし、都市の富に関する先進的な洞察は、いまなお私たちに多くの示唆を与えてくれる。

国家自身が富を生み出すことはない

そしていま、国家と都市の関係には、これまでには観察できなかった変化が生じている。まずは国家が戦略的な方向性を打ち出し、あるいはそこで求められる施設を準備して、都市はそれに追随する、ということが、これまでの歴史では繰り返されてきた。アメリカでいえば、連邦政府、州政府、地方政府には明確な序列があり、そこで都市の発展は、連邦政府や州政府からどれだけの予算を配分されるかによって決定づけられた。

だが、その関係はいまや、逆転しようとしている。サブプライム・ローン問題から始まった金融危機、あるいは政治的な膠着《こうちゃく》によって、連邦政府や州政府には資金不足が生じている。それに対して地方政府は企業のヘッドクォーター（本社・本部）や工場などを呼び込み、あるいは直接投資を増加させるべく奮闘している。さらには、より快適で住みやすい街をつくることによって、優良企業や人材に魅力を感じてもらおうとしているのだ。

今後はおそらく、主要な都市は中世ヨーロッパの都市国家のような位置づけになり、むしろ国家を引っ張っていくような力を発揮するだろう。

中世ヨーロッパの都市国家とは、たとえばイタリアのベニスやボローニャなどである。ボローニャの歴史は、コムーネと呼ばれる自治都市がイタリア各地で成立するなかで、当時の皇帝であったエンリコ（ハインリヒ）五世が一一一六年五月十五日、その地に住んでいた人々をボローニャ市民である、と認めたところから始まる。もちろんそれは、イタリア王国という国家が生まれるはるか以前のことだ。

都市国家としてのボローニャには、名のある建築家や画家たちが数多《あまた》集い、真の芸術都市としておおいに栄えることになった。ルネサンス時代のボローニャにおける女性の地位はイタリアの他の都市よりも高く、能力の優れた女性はさまざまな職に就くことができた。この民主的で自由な気風が、都市をおおいに発展させた。

国家はもちろん、海外投資、消費、貿易などを推し進める強力な存在だが、一方で、そうした要素を抑制することもある。残念なことに、国家自身が富を生み出すことはない。国家は都市経済の成長の恩恵を被《こうむ》る存在であり、富の源泉ではないのだ。

こうした考え方は、為政者《いせいしゃ》たちにとっても馴染《なじ》みのあるものになっている。二〇一三年十二月十三日、オバマ米前大統領は十数人の市長たちと面会した際、「わが国の都市はアメリカの国家経済の発展の要《かなめ》であり、都市で雇用を創出するハブ（拠点）をつくる環境を提供するよう、市長とともに取り組みたい」と明確に語った。

世界のGDPの過半を担う六〇〇都市

世界にはいま、都市が二四万八七五二存在している、という試算がある。そのなかでトップ一〇〇都市が、世界のGDPの三七パーセントを占めている。人口一〇〇〇万人以上を抱える都市（メガシティ）は三六ある。そして、世界のトップ六〇〇都市が、世界人口の二〇パーセントを占め、三四兆ドルのGDPを生み出している。これは、全世界のGDPの半分に相当する。

この六〇〇都市は二〇二五年までに、そのGDPをほぼ倍の六五兆ドルにまで増加させ、GWP（地球温暖化係数）の六七パーセントを叩き出す、とマッキンゼー・アンド・カンパニーのグローバル研究所は、二〇一一年に予測した。

先にも見たように、上位に位置する都市のGDPは、国家レベルのGDPよりも速いスピードで成長している。そのなかの一部の都市はさらに成長し、メガシティになる。大都市には多くの企業が展開し、金融から優秀な人材までが集積する。だからこそ、他国よりも速い経済発展を望む国は、少なくとも一つ、願わくは複数の力強い大都市をもたなければならない。

一方で、いまやすべての製品やサービスは、それが販売されるときのみならず、その後のサービス、メンテナンスなども含めたサプライチェーン（供給連鎖）を必要としている。たとえば、ある人がコンピュータを注文すると、多くの部品が世界中の異なる地域から集められ、組み立てられる。企業はつねに他の都市とつながることを求め、グローバルなサプライチェーンを効率よく機能させることを考えている。

都市は誘致しようとしている企業に対し、競争優位のサプライチェーンを用意しなければならない。都市自身が、自らの役割と成長の必要性を認識して、その能力の拡大に努めなければならないのだ。

都市にこそSWOT分析が必要だ

そのために都市は、自らの「強み」と「弱み」を客観的に知らなければならない。そこではSWOT（Strengths〔強み〕、Weaknesses〔弱み〕、Opportunities〔機会〕、Threats

（脅威）分析の枠組みなどを活用し、内部環境や外部環境（マクロ環境、ミクロ環境を含む）のさまざまな解析が求められている。

さらに、そもそも各都市はどのような都市になりたいのかというビジョン、つまり最終目標は何なのか、ということも明確にしておくべきだろう。産業を誘致したいのか、金融都市になりたいのか、観光をもっと発展させるのか、それとも優秀な人材を呼び込みたいのか……。その目標が明確になればなるほど、都市は多くの新しい価値を生み出すことができる。

たとえばある都市は、次のように考えるだろう。いま誘致を積極的に行なっている工場は、これからますます機械化が進み、やがては一人の人間でも運営できるようになるだろうから、雇用の成長源にはならないかもしれない。しかしサービス産業としてのヘルスケアなら、都市がその名を知られるよい機会になる――。実際にタイやインドのムンバイは、医療ツーリズムのマーケットの拡大をめざし、熾烈な競争を展開している。

日本についてはどうだろうか。日本には東京をはじめとするいくつかの大都市があるが、各都市がそれぞれに異なった特徴を手にすることが重要だ。そうした各都市が「都市の幸福度」を追求し、快適なライフスタイルと高い収入を提供すべきである。一方で、日本の都市に不足しているのはダイバーシティ（多様性）だ。日本には素晴らしい文化があるが、多様性に対する根強いアレルギーも存在する。しかし自らと違う他者と交わらずして、それまでに考えつかなかった新しい発想を抱けるだろうか。

異文化間のコミュニケーションを洗練させることは、新興国における都市化においても不可欠だ。いかなる国にも独自の文化があり、その文化に由来するような考え方をもっている。それは当然、否定されるようなことではない。

とはいえ、アメリカ人はかなり初期の段階から、海外でビジネスを行なうためには、自国でそれをするときとは方法を変えるべきだということに気づいていた。たとえば、もしメキシコ人とビジネスをしようとすれば、逆に最初からビジネスの話をすべきではない。メキシコ人は、相手が信用できる人なのかどうかをまず、品定めする。会食に招待されたときに相手がアートや文化に関心がある人だとわかれば、メキシコ人はおおいにその人を評価するだろう。そのことが、彼らとビジネスを始めるきっかけになる。

新興国で企業が事業展開をしようとするとき、賢明な企業であればあるほど、さまざまな文化的背景をもった人を雇うはずだ。そこで異文化間のコミュニケーションが円滑に進むよう、都市はそれを後押ししなければならない。

いずれにしても、どのような産業や企業を誘致するか、あるいは何を最終目標に設定するか、ということについて、都市は自らの強みと弱みを分析し、現実的になるべきなのだ。実弟であるミルトン・コトラーとの共著『コトラー 世界都市間競争 マーケティングの未来』(竹村正明監訳、碩学舎)では、そこで考慮すべき一一の要因について、詳細な分析を行なった。

すなわちそれは、規模、地理的条件、ロジスティクス(物流)、インセンティブの予算、産業クラスター(新事業が次々と生み出されるような事業環境を整備することにより、競争優位の産業が核となって広域的な産業集積が進む状態)、サプライチェーン能力、中央政府の政策、社会の安定性、政治家と市民のリーダーシップ、制度の強さ、商業的強さだ。

都市の「主権者」は多国籍企業

都市と富の関係について、もう少し議論を進めよう。都市が自らの富を成長させようとするとき、見逃してはならない存在の一つが、多国籍企業である。

今日の世界において、小規模なビジネスのスタートアップが、大都市を満足させる規模の経済を生み出すことは難しい。大都市が経済規模を拡張できるかどうかは、多国籍企業にどのような魅力を示し、グローバル本社、地域本社、研究開発センターなどの「卵」を落としてもらうか、ということに依存する。

多国籍企業への見方は、時代とともに移り変わってきた。かつて多国籍企業は力をもちすぎて、国家経済に介入するような存在、と批判されることもあった。そうした見方を支持したのは、左派系の文化人やアンチ・グローバリストたちだった。

しかし、私の見方は逆である。大規模な多国籍企業とその関連会社こそが、その都市の富を決定づけるのだ。

グローバルな都市で中間層が成長したのは、なぜだろうか。多国籍企業の存在こそが、その理由であった。政府は市民の貧困を和らげることはできるが、中間層を成長させられるのは、多国籍企業のみである。富の源泉は都市に存在するが、より正確にいえば、そのほんとうの「主権者」は、多国籍企業なのだ。

当然ながら、そこで多国籍企業をさらに誘致したい都市は、彼らがどのエリアに参入したいと思っているのか、その選択の決め手は何かを理解する必要がある。前掲の『コトラー 世界都市間競争』ではその要因についても詳細に説明しているが、ここでは結論だけを記しておこう。

ハードの誘致要因

- 経済の安定性と成長性
- 生産性
- コスト
- 所有概念
- 地域のサポートサービスやネットワーク
- 通信インフラ
- 立地戦略
- インセンティブ制度やプログラム

ソフトの誘致要因

- ニッチの開発
- 生活の質

- 専門家や労働者の能力
- 文化
- 人間関係
- 経営スタイル
- 柔軟性やダイナミズム
- 市場に関するプロ根性
- 起業家精神

そこで大都市は、さまざまなインセンティブを企業にもたらすことによって、自らを選んでもらう努力を続けている。企業への直接融資や融資助成、用地を取得する際の優遇策、税制の優遇、水・電気をはじめとする公共財の優遇など、そのインセンティブはさまざまだ。

さらに大都市は、新しい雇用者に対する教育機関を通じた訓練を実施している。若年層のスペシャリストに魅力を感じてもらうため、生活や娯楽に焦点を当てた新たな地区計画などもスタートさせている。そうした意味でソフトの誘致要因の重要性は、これからますます高まるだろう。

ダウンタウンが甦りつつある理由

一方で、現在の大企業がどの都市を本拠地にするか、というときのトレンドについても触れておきたい。かつて企業は、大都市の外側にある郊外に本拠地を置いていた。土地もそれほど高くないし、都心よりも綺麗で、スラム街の問題も避けられるからだ。しかし、現在では、都心に本拠地を戻すような動きが見られる。

マクドナルド本社は、アメリカのイリノイ州シカゴ郊外のオークブルックにある本社を、二〇一八年春までにシカゴの中心部へと移転する。もともとマクドナルドは、一九五五年から七一年までシカゴ市内に本社を構えていたので、出戻りといってよい。ゼネラル・エレクトリックもコネティカット州のフェアフィールドに本社を置いているが、マサチューセッツ州ボストンに順次、本社を移す。

ボーイング社は、旅客機部門の業績不振を受けて一九九七年に吸収合併したマクドネル・ダグラス社の強みである軍需産業へと主力をシフトし、二〇〇一年にシアトルから、国防総省のあるワシントンD．C．により近いシカゴ（ワシントンとの時差はシカゴが一時間、シアトルが三時間）に本社を移転した。

シカゴ市はボーイング本社の誘致を呼びかけていた。シカゴ市はボーイング社にプレゼンテーションをしたとき、シカゴにどれだけ多くの企業が集まっているかを説明し、ライフスタイルも快適だと述べた。

いまアメリカで起こっているのは、ダウンタウンの復活である。かつてその地は、富裕層が住むのに快適なところである、とは言い難いものだった。しかし二〇一三年に連邦破産法九条の適用を申請し、往時の華やぎがすっかり失われて中心部にもシャッター通りが存在するデトロイト市ですら、大規模な投資が行なわれつつある。

あまり知られていないが、デトロイトの不動産、とくに高層ビルなどに積極的な投資をしているのは、シンガポールだ。シンガポールに先見の明があるのかどうかはこれからわかることだが、ダウンタウンが復活すれば当然、大企業が本部をどこに置くのか、という意思決定にも影響がある。

都市の側にも、企業の側にも、さまざまな思惑があるのはいうまでもないが、私はいま、都市の成長と企業の成長が並行関係になるような筋道を探したいと思っている。都市が成長すれば、人々が関心を抱くような企業を誘致することができる。それが都市をさらに成長させる。そうした相乗効果をどのように生み出すか、というプロセスを明らかにしたいのだ。

日本の「地方再生」はビルバオに学べ

本章の最後には、そうした富の源泉である都市に対し、都市のマーケターたちはどのようなマーケティングを行なうべきか、ということを述べておきたい。

都市のマーケターたちは、公的部門のアクター（都市、州政府の政治家など）、民間セクターのアクター（市民リーダー、大都市や都市事業協議会、リーディングカンパニーなど）、地域のアクター（複数の地域をまたぐ経済開発の行政機関、国と州、地方政府）、国家のアクター（行政、議員のリーダー、監督官庁、多国籍企業、大中規模企業など）、国際的アクター（大使館・領事館、国連などの経済開発を取り扱う国際的組織など）に分類される。

まず履き違えてはならないのは、いま目にしている成長都市を、すべて企業の立地と見なすのは間違いである、ということだ。小さな都市は観光では成功できるかもしれないが、そこに多国籍企業を誘致するのは簡単ではない。多国籍企業を誘致できない都市が考えるべきは、その街にとって独自の価値とは何か、を考え抜くことだ。

スペインのバスク地方に位置するビルバオ市は、一九二〇年代のスペインでは重要な地位を占める街だった。しかしスペインにはバルセロナを筆頭として、マドリッド、セビリアなどの観光地があり、ビルバオ市民は、自分たちはスペイン政府に軽視され、将来的な可能性を鑑《かんが》みられていない、と不満に感じていた。

彼らは、積極的な広告キャンペーンが問題を解決する、と考えていた。しかしそこで、私が「この街には目玉が存在しない。いま必要とされるのは、パリのエッフェル塔のように、世界中の人が訪れたいと感じるようなもの、たとえばほかにはない美術館や劇場などだ」と語ったのは、前章で見たとおりである。

彼らは私にこう言い返した。「美術館のなかに入れるアートがない」。しかし、それを聞いた地元の有識者がこういった。「なかに入れるアートは重要だが、もっと重要なのは、美術館そのものが最高のアートであることだ」。

その後、一九九七年にアメリカの建築家、フランク・ゲーリーの手によって完成した「ビルバオ・グッゲンハイム美術館」のデザインは出色《しゅっしょく》だった。その建物自体を見るために、富裕層は飛行機をチャーターするほどだという。みごとに工業から観光へと中心資源を切り替えたビルバオは、一九九五年に地下鉄、二〇〇二年にはトラム（路面電車）を開通させ、地方都市の活性化の理想的なモデルといわれるまでになっている。

現在、タイで金融に携わっている私の教え子は、かつて私にこう語った。「どのような都市でも、街でも、他の都市よりも秀でている分野を有していることが必要だ」。この言葉は核心を衝《つ》いている。

あるものがそこでしか提供できないなら、それを求めて人は集まる。ビルバオの場合、それがグッゲンハイムだった。アメリカでは目下、ローカライゼーション（地域化）という運動が起きているが、その根本にも「そこでしか提供できない価値を重視する」という発想があるのだろう。なぜ自分の街でもリンゴが栽培できるのに、チリから輸入しなければならないのか、という問いに反証するのは難しい。

日本でも「地方再生」という言葉がキーワードになっていると聞く。当然、若者が地方から消えれば、その地方には高齢者しか残らない。人を地方に戻すためには、産業を誘致すべく税金を下げたり、医療費や教育費を安くすることが考えられるが、それだけでは不

ビルバオ・グッゲンハイム美術館（写真提供：dpa ／時事通信フォト）

十分だ。「そこにしかない価値をどうつくるか」という思考こそが重要で、そうした思考がなければ、そもそも誰に向けてマーケティングキャンペーンを立ち上げるべきかすら、わからないだろう。

そして当然、地方都市をもっと魅力的なものにするためには、資金力に頼るだけではなく、一般市民を巻き込んでいかねばならない。たとえば「スマイル・マーケティング」は観光客の印象を飛躍的に向上させる手法だが、かつてシンガポールでは、国民に「微笑みの仕方」を教えていた。一般市民の協力は、地方再生だけではなく、東京オリンピックを控え、観光立国をめざそうとする日本という国家にとっても不可欠なものだろう。

優れたマーケターだったブルームバーグ氏

もう一つだけ、都市をマーケティングした事例を取り上げておきたい。こちらは地方ではなくアメリカを牽引する大都市、ニューヨークにおける取り組みである。

アメリカの投資銀行であるソロモン・ブラザーズを経て、通信会社ブルームバーグを設立し、ウォール街の企業へ金融情報端末を販売して巨万の富を築いたマイケル・ブルームバーグは、二〇〇二年にルドルフ・ジュリアーニのあとを継いで、ニューヨーク市長に就任した。それから彼はその職を退く二〇一三年末まで、ニューヨーク市のさまざまな部署や部局を徹底的に改革した。

都市の公共サービスからニューヨーク市の長期計画まで、ブルームバーグはそのすべてをビジネス的な方法論を使って改善した。二〇〇八年の金融危機以降も、ICT（情報通信技術）やバイオ技術の中心地としてニューヨークを活性化させるため、ルーズベルト島にコーネル大学ニューヨーク技術キャンパスを誘致し、卒業生の価値が二一〇億ドルとも評されるイスラエルのテクニオン・イスラエル工科大学もそこに加わり、コーネルテックとして二〇一七年秋の開校に漕ぎ着けた。

二〇〇三年から二〇一二年のあいだに、ニューヨーク市の情報通信技術に関連する雇用は六〇パーセントも増加した。ベンチャー・キャピタル（ベンチャー企業への投資）の取扱量についても、三二パーセントも上昇した。ブルームバーグは、ニューヨークを「アメリカ東海岸のシリコンバレー」にすべく、数多の手を打ったのである。『エコノミスト』誌は、「彼はニューヨーク市を協働の場、都市労働者を有能な人材、市民を顧客としてとらえた。それゆえ、ほとんどすべてのニューヨーカーは彼を愛した」と絶賛した。

有能な都市のマーケターである公的部門のアクターは、長期的な戦略を機能させるリーダーシップをもっている。それが、硬直化した組織風土を変革する原動力となる。そうしたリーダーシップがあってこそ、市長や市の幹部たちは、現場に新しい風土を根づかせるための触媒としての役目を果たせるのだ。

第6章

万人に役立つ資本主義を求めて

アメリカをモデルに思考する

資本主義が抱える一四の欠点

第5章で見たように、富の源泉である世界の都市の成長は、これからも、とどまることなく続いていくだろう。しかしその一方、拡大しつづける所得格差に対して、世界中から重大な関心が寄せられている。

二〇一三年にフランス語版が刊行され、二〇一四年四月に英語版が刊行されるや否や、全世界の話題をさらったトマ・ピケティの『21世紀の資本』（山形浩生、守岡桜、森本正史訳、みすず書房）は、その問題を正面から見据えたものだ。

ピケティが取り上げたのは、自由市場主義経済を採用するかぎり、不平等が拡大することは避けられない、というテーゼだった。簡単にいえば、資本収益率（投資によって得られる利益）が世界経済の成長率を超えるのか、それとも下回るのか、ということである。本来の資本主義からすれば、資本収益率が経済成長率を上回るほうが自然であり、そこで不平等はさらに拡大していく、というのが彼の主張だ。

かつて資本主義は、共産主義と熾烈な争いを続けていた。だが、労働者の天国になるはずだった旧ソ連の実相は、理想とかけ離れたものであり、独裁政治も強まる一方だった。資本主義を代替するシステムとして生まれたはずの共産主義は、幸せとはいえない市民とコミュニティを生み出した。そして冷戦終結後には、共産主義と対決していたはずの資本主義が、共産圏であったロシアや中国などまでをも取り込んで、世界中の国家を支える経済原理になった。

今日、資本主義は最高位に立っている。しかしその一方、人々は利益を追求するためならば何をしてもよい、という「カウボーイ資本主義」に嫌気がさしている。拡大する所得不平等への懸念は高まりつづけ、二〇一二年にはアメリカで、上位五パーセントの家計が全家計収入の二二・三パーセントを占めるに至った。この家計の大半は、金融サービス部門、ビジネスサービス／専門的サービス部門、医療サービス部門という「プロフェッショナル部門」に属している。

もちろん、ある程度の所得不平等は、経済成長を促すためのエンジンとして欠かせない。しかし過剰に広がる格差は、社会正義に対する疑問と「階級間の争い」を生み出してしまう。

共産主義との戦いに勝利したとはいえ、もとより資本主義への痛烈な批判は存在していた。二十世紀におけるもっとも重要な経済学者の一人であるケインズは、「資本主義とは、もっとも卑しい人のもっとも卑しい動機でさえ、何らかのかたちで万人の役に立つはずだ、という非常によくできた信念である」と述べている。そこでケインズが問いたかったのは、そもそも資本主義は万人の役に立つのか？　という疑問であったのだろう。

二十一世紀に入っても、現代を代表する女性知識人の一人であるナオミ・クラインは、『ショック・ドクトリン　惨事便乗型資本主義の正体を暴く』（幾島幸子、村上由見子訳、岩波書店）において、資本主義は中産階級を崩壊させ、富裕層をますます富ませる一方で、貧者をますます貧乏にさせている、と語る。政府などのコングロマリット（巨大複合体）は、労働者や貧困層を救出しないように資本主義を運営していて、それを「惨事便乗型資本主義」とクラインは名づけた。

もちろん私も、現在の資本主義を手放しで認め、賞賛しているわけではない。二〇一五年に上梓した『資本主義に希望はある』において、私は資本主義が抱える一四の欠点をあげた。

1．資本主義は、根強く残る貧困の解決策をまったく、またはほとんど示せない。

2. 資本主義は、所得と資産の不平等を拡大させる。
3. 資本主義は、何十億人もの労働者に生活賃金を支払うことができない。
4. 資本主義は、自動化の進展に直面し、人間の仕事を確保できなさそうである。
5. 資本主義は、企業活動による社会的費用の一部しか彼らに負担させない。
6. 資本主義は、規制がなければ環境および天然資源を搾取する。
7. 資本主義は、景気循環を生み出し、経済を不安定にする。
8. 資本主義は、個人主義と利己心を重視するため、共同体と共有資源を犠牲にする。
9. 資本主義は、消費者に多額の借金を促し、結果的に製造業主導型経済から金融主導型経済へとシフトさせる。
10. 資本主義は、政治家と企業を一致団結させ、彼らの利益のために大多数の市民の経済的利益を犠牲にする。
11. 資本主義は、長期的な投資計画よりも短期的な利益計画にくみする。
12. 資本主義は、製品の品質や安全性、広告の真実性、反競争的な行為に対する規制を必要とする。
13. 資本主義は、GDPの成長だけを重視しがちになる。

14. 資本主義は、市場の方程式に社会的価値と幸福を持ち込む必要性がある。

読者のなかには、なぜマーケティング学者である私が資本主義の本を書いたのか？　と不思議に思う方もいるだろう。しかし先に述べたように、私は三人のノーベル賞経済学者に学び、経済学のなかでは最高水準ともいえる教育を受けてきた。当時の私はマクロ経済学とミクロ経済学の両者を活用し、厳しい競争のなかで市場のシェアを摑《つか》もうとする企業の意思決定を研究してきた。

そこで市場に強い影響を及ぼすものこそが、マーケティングなのである。つまりマーケティングは資本主義社会の根底にある概念であり、だからこそ自らの経歴を鑑みれば、資本主義について他の人ができない洞察を行なうことが可能ではないか、と考えたのだ。

富が「滴り落ちる」という勘違い

残念なことに、いまやわれわれの経済は、あまりにも金融によって動かされている。金融部門がＧＤＰに占める割合は、一九四七年にはわずか二・五パーセントにすぎなかったが、二〇一三年末には八パーセントにも達した。彼らは実物の製品やサービスなどを提供しているわけではなく、主にお金を運用することによって利益を得ている。

彼らはいうだろう。資本主義がもたらす富は「トリクルダウン（滴《した》り落《た》ちる）」するものである、と。トリクルダウンとは、イギリスの精神科医、経済学者であったバーナード・デ・マンデヴィル（一六七〇〜一七三三年）の思想を端緒とするもので、資本を有する者が、それをもとにさらなる富を生み出し、その富が社会の構成員全員に対してより多くの仕事や収入をもたらす、という考え方である。

富裕層は、「経済が成長する、つまり上げ潮になれば、すべての船が浮上する」と語ってきた。経済成長すれば、富裕層はもちろん中間層も貧困層も豊かになる、ということだ。

しかし現実を見るかぎり、残念ながらその理念が実現しているようには思えない。そこで富は「滴り落ちる（トリクルダウン）」のではなく、「滴り上がる（トリクルアップ）」のが正しいようだ。いまやGDPが成長するということは、貧困層を減少させるということに直結しない。それは富裕層をますます富ませるだけで、それ以外の人たちが恩恵を被るとしても、十分なものとはいえないのだ。

なぜなら、その所得拡大のかなりの部分が、アメリカでは上位一パーセントに集中しているからである。二〇一二年の水準では、所得配分で下位九〇パーセントの世帯は平均三万九九七ドルの収入を得ているが、その一方、上位一パーセントの世帯は平均一二六万四〇六五ドルの収入を得ていた。

そして、そうした富裕層が議会にロビイストを送り込むことで、課税の抜け道を生み出すような法律を議員に書かせ、裕福な人がますます裕福になる、という構造が固定化されていくのである。

国家を動かす一パーセントの富裕層

私はロビー活動のすべてが問題である、といっているわけではない。ロビー活動は、連邦政府、州政府など、数多くの行政機関で実施されている。

そのなかで「よいロビー活動」とは、たとえば他のロビイストが流した誤った情報を修正し、環境保護や教育問題、医療問題、環境問題などの重要性を述べる団体の言葉を広めるべく、活動を行なうロビー活動のことだ。逆に悪いロビー活動に分類できるのは、石油、医薬、防衛産業などに関するものである。たとえばそこで防衛産業のロビイストは、望まれてはいない軍需品までをも購入するように議員を動かしたがる。

二〇一六年六月、私は、"Democracy in Decline : Rebuilding its Future"（衰退する民主主義）を上梓した。この本を書いた理由は、資本主義のもとで蓄積されてきた富が、われわれの腐敗した民主主義政治のなかに染み込みはじめた、ということに気づいたからである。今日では議員になりたいと思えば、選挙活動を開始するために、少なくとも一五〇万ドルともいわれる資金を調達しなければならない。候補者が調達できる資金が多ければ多いほど、当選する確率も高くなる。

候補者のなかには、ビリオネア（億万長者）の資金提供を受けて活動する人もいる。実力派ジャーナリストとして知られるジェイン・メイヤーが『ダークマネー　巧妙に洗脳される米国民』（伏見威蕃訳、東洋経済新報社）で描いたのは、メディアや大学、シンクタンクなどが、ビリオネアによっていかに操作され、それが投票行動に影響を与えているのか、という事実だった。

かつてアダム・スミスは、市場は「見えざる手」によって動いている、と語ったが、現在の経済は「見える手」によって大きな影響を受けている。そしてこの「見える手」はどこまで、スミスがいうところの「賢明な利己心」をもっているのだろうか。

ゆゆしき問題は、彼らが選挙に当選して議員になったとき、はたして誰を代表するのか、ということだ。第一に、献金を受けた人たちの強い嗜好を満たすだろう。第二に、ロビイストから出てくるイシュー（論点）や圧力に応えようとするだろう。第三に、自らの政党の立場を採用するだろう。たとえば共和党なら人工中絶の権利に反対し、銃の権利を支持するにちがいない。そして第四に、彼らは自らの選挙区の有権者の嗜好をサポートするように努めるだろう。

残念なことに、そこで自国にとって何がベストか、ということを考える候補者は、ほとんどいないように私には思えてしまう。

議員たちは自らが国家を運営していると考えているかもしれないが、それは間違いだ。アメリカにおいて、政策とは主に二つのグループによって決められる。一つは巨大な多国籍企業、そしてもう一つはトップ一パーセントの富裕層である。

サマーズ「長期停滞論」と市場の波乱

金融化する資本主義への対処策はあるのだろうか。規制の強化がその答えだが、これまでにホワイトハウスが行なってきたことは合格点とは言い難い。それどころか、十分な規制を経ないままで証券化（将来的にキャッシュフローを生み出す資産を有価証券に組み替え、第三者に売却する手法）を復活させたいと目論《もくろ》むロビー活動が行なわれている。

かつてFRB（連邦制度準備理事会）議長を務めたロンドン大学スクール・オブ・エコノミクスのフェロー、ポール・ボルカーがリーマン・ショック後に提言したのは、商業銀行が自己資本で自社資産の運用を図るために高リスクをとり、金融商品を購入、売却、取得、処分することを禁止する「ボルカー・ルール」だった。二〇一三年十二月十日、規制当局は「ボルカー・ルール」を取り入れて銀行の自己取引のための高リスク商品への投資を制限し、ヘッジファンドに対する投資についてもそれを禁止した。

しかし、そこで銀行ロビイストたちは、規制当局の実行部隊に対してあまり予算を回さないように策動し、規制案のかなりの部分を骨抜きにした。

二〇一六年、元アメリカ財務長官でハーバード大学教授を務めるローレンス・サマーズは、同大学の同僚であるナターシャ・サリンと執筆した論文のなかで、「驚いたことに金融市場の情報に基づけば、大手金融機関が危機以前よりもずっと安全になったという見方はほとんど支持されず、実際にはリスクが増大したとの見方を一部支持することになる」

と述べている。

サマーズは、労働市場の改善だけを踏まえて「経済は安泰である」とした世界の中央銀行の見方を支持せず、「世界経済はより深刻な需要不足を抱えている」という「長期停滞論」を唱えた。元FRB議長のアラン・グリーンスパンは、その著書『波乱の時代 わが半生とFRB』（山岡洋一、高遠裕子訳、日本経済新聞出版社）において、経済面の混乱やショックが在任中にいかに多かったか、ということを書き記したが、いまでは金融界自身が市場の波乱を増大させている、といえるかもしれない。

当然のことだがリスクマネーの割合が増えるほど、彼らが儲けられる可能性も大きくなるからだ。

世界でもっとも影響力のある経済ジャーナリストの一人である『フィナンシャル・タイムズ』のマーティン・ウルフは、『シフト&ショック 次なる金融危機をいかに防ぐか』（遠藤真美訳、早川書房）のなかで、金融システムを速やかに改革しなければならない、と強調した。もともとウルフは金融自由化や規制緩和などを支持する論陣を張っていたが、いまでは所得格差の拡大、それが民主主義自身に与える影響を懸念している。次の金融危機が来るならば、それは、この開かれた世界経済が消滅するレベルになるかもしれない、と危《き》惧《ぐ》しているのだ。

ウルフも含めたもっとも鋭い知性がそう提言しているいまこそ、金融システムを抜本的に改革するときである。

経済学者がいますぐ考えるべきこと

もちろんグローバル化と技術進歩がもたらした「波乱」だけではなく、もともと資本主義経済にはつきものの「景気循環」についても、私たちは考えておく必要がある。景気循環は、資本主義市場に付随している特徴であり、たとえばアメリカは、一八五七年から現在に至るまで、三三回の不況を経験してきた。

景気循環は、収縮期→谷底→拡大期→ピークという四つのフェーズがある。資産価値の上昇が続く段階に入ると、当然ながら株価も上がり、「いま株や不動産を買うべきだ」という相場師が現れて、その傾向がさらに煽《あお》られる。

ところがある日、何かが起こって家の価値が下落する。家を保有しつづけるのが困難になって差し押さえの憂き目に遭えば、生活レベルを下げざるをえなくなる。かつて日本で起こったバブルとバブル崩壊が、その典型だ。リーマン・ショックを引き起こしたアメリカのサブプライム・ローンの崩壊は、本来ならばローンを組ませてはいけない人たちまでにも、あまりにも簡単にローンを組ませすぎたことが原因だった。

そこでFRBが投機的な要素を早めに発見すれば、利上げをすることで景気循環のサイクルを減速させられる。しかし、それが不況の引き金になることもある。一方、不況の真っ只中にはできるかぎり金融を緩和し、企業と個人がお金を借りやすいようにする状況をつくることが大切だが、それだけで景気を刺激し、経済を回復に向かわせるのも難しい。

二〇一六年一月下旬の日銀金融政策決定会合で、日本銀行は金融機関が日銀にもつ当座預金の超過準備の利子をマイナスにする「マイナス金利政策」を実施したが、その政策が奏功しているとも言い難い。現在の経済には、あまりにも多くの要素が絡み合っているからだ。

もちろん、その不備を補うため、これまで経済学者は、数多くの解決策を模索してきた。ミルトン・フリードマンは、経営者や消費者が何を予期したらよいのかがわかるように、マネー・サプライ（通貨供給量）を一定の割合で増やすべきだと考えていた。経済学者は経済が持続的なペースで成長するように、ある特定の指標が上昇すれば景気が減速していることがわかるというような、より望ましいシステムを構築しなければならないだろう。

このままではアメリカの中間層が消える

『資本主義に希望はある』でも描いたように、資本主義はたしかに何百万人もの人を貧困から脱出させ、安定した中間層を生み出すことに成功した。まさに資本主義が中間層の「生みの親」であり、それ以前には富裕層と、ワーキングプアの二種類しか世界には存在しなかった。

しかし現在のままでは、少なくともアメリカにおける中間層は存続しえないだろう。かつてアメリカは製造分野で優れた能力を発揮していた。中間層の労働者とは、製造に関するスキルをもつ労働者のことだった。しかし、その製造現場が海外に移転すれば、彼らは職を失う。製造業を失ったいま、アメリカ経済は、サービス業や非営利の分野の職に依存している。しかし、それらの分野の賃金は他の分野よりも低い。変貌する職業のかたちが、中間層に大きなダメージを与えている。

大企業が海外に拠点を移すことで、アメリカ人の賃金は打撃を受けている。中間層の人々が低所得者層にまで転落してしまった、ともいえる。アメリカの連邦最低賃金は七ドル二五セントだが、多くの人がこの賃金水準にとどまれば、経済の先行きを予測するのは難しい。国民はお金を使うことについて、とても慎重になっているようだ。

ニューヨーク市立大学のノーベル賞経済学者、ポール・クルーグマンが指摘したように、雇用にマイナスの影響がほぼないならば、最低賃金を引き上げるというのが、正しい解決策である。

最低賃金の問題に加え、重くのしかかるのは学生たちの借金だ。いまや全米を合わせて、学資ローンの残額は一兆ドルを超えている。四〇〇〇万人のアメリカ人が、民間および連邦学生ローンを借りているのだ。大学を出ても返済に追われ、クルマや家具が買えないどころか、結婚さえ断念しなければならない。そうした人が親元で同居するようになれば、当然、ソファやベッドが売れる数も減ることになる。

個人主義者VS共同体主義者

そもそも資本主義とは、個人主義という考え方に依拠したシステムである。その価値観を強く打ち出したのは、アメリカの小説家であり、思想家でもあったアイン・ランド（一九〇五〜一九八二年）だ。彼女はその思想を「客観主義（オブジェクティヴィズム）」と名づけ、それを具現化するような小説を書いた。彼女の描いたテーマは、リバタリアニズム（自由至上主義）の思想的背景ともなり、実務家たちにも影響を与えた。アラン・グリーンスパンも、その一人だ。

彼女の思想は、出世願望の強い若手証券マンと、冷酷で貪欲な投資銀行家の物語である映画『ウォール街』（一九八七年）などにも現れている。マイケル・ダグラス演じるゴードン・ゲッコーが語った「強欲は善だ」という言葉は、アメリカ映画史における名台詞《せりふ》ベスト一〇〇の五七位にもなった。ランドのファンが彼女の作品に見出すのは、個人に価値を置く人たちと、共同体のために個人的利益を抑えるべき、とする人たちの争いである。

異文化経営・組織文化研究の世界的権威であるオランダのヘールト・ホフステードは、各国の文化の差異を四つの次元（指標）で分類したが、その一つが「個人主義VS集団主義」であった（他の三つは、権力の格差、男性らしさVS女性らしさ、不確実性の回避）。ホフステードによれば、日本をはじめとする集団主義的な社会では、個人の業績よりも社会秩序から個人の自尊心が生まれてくる、という。日本人は自ら目立とうとはしないが、それは「出る杭は打たれる」と知っているからだ。そこで何かを動かす決め手となるのは、「罪」よりも「恥」である。

共産主義は、そうした集団主義を究極まで進めたもの、とする考え方もある。そこまで極端ではないものが、社会主義経済体制である。「公共の利益」を重視する社会主義は、私有財産と民間の経済活動を認め、民主主義的な制度などを守ろうとする体制だ。

ここで、ある社会が「集団主義的」といわれることと、「コミュニティ重視」といわれることには歴然とした差がある、といっておきたい。現在では、過剰な個人主義への反省の動きとして、「共同体主義（コミュニタリズム）」に対する関心が集まっている。共同体主義は、よいコミュニティや隣人をつくり、モノをシェアし、お互いに助け合うことを大切にする。

残念ながら、私たちの社会は近所の人がベランダから手を振り、手を振り返してもらう小さな街の生活を失ってしまった。だから私は妻のナンシーとともに夏の二カ月間、ニューヨーク州シャトーカの別荘ですごすとき、ベランダから友人や、通りがかりの人たちに手を振って挨拶をしているのだ。

個人主義者は、複数の違う価値観が同時に存在したとしても、そこで守るべきルールの枠組みは中立であるほうが望ましい、とする。一方で共同体主義者は、そもそも「何が善なのか」という価値観が明確にされ、共有されているほうが望ましい、という。教育制度の無償化や、皆《かい》保険制度などがそれに当たる。

思うに、資本主義がその本質として、共同体主義よりも個人主義と相性がよい、とは言い切れないだろう。なぜなら資本主義には、そもそも多くの種類が存在するからである。アメリカ型資本主義は個人の権利、自由な市場などを重視する。ヨーロッパ型資本主義はより共同体主義的志向が強く、日本型資本主義もそれに近い。

私自身の考えも述べておこう。個人の権利はもちろん守られるべきであり、一方で、個人の権利は社会的責任と連動するほうが、その遵守《じゅんしゅ》率が高まる。このように個人主義と共同体主義という二つの思想を優劣なく、柔軟に取り入れるという思考を、イギリスの社会学者であるアンソニー・ギデンズは「第三の道」と呼んだ。

アメリカの最低賃金という「恥」

ここまで資本主義に対する批判を縷々《るる》述べてきた。とはいえ、私は資本主義ではない何かをそれに置き換えることを提案したいわけではない。ましてや、共産主義の復権を唱えたいわけでもない。いま求められているのは、それがさらに機能し、よりたくさんの人に対して恩恵を与えるように、資本主義そのものを改善していくことである。

そもそもマルクスが『資本論』において資本主義を痛烈に批判したときに比べれば、現在の資本主義がずいぶん改善されたことに異論のある人はいないだろう。

ならば、現在の資本主義に存在する巨大な所得不平等を、どのようにして改善していけばよいのか。いくつかのアイデアを示してみたい。

まず企業は、最低賃金を引き上げなければならない。これは先にも触れたように、アメリカの連邦最低賃金が七ドル二五セントにとどめ置かれている状況を政府が変えることで実現する。

皮肉なことにいま、企業の利益はかつてよりも少なくなっている。労働者階級の手にお金が残らないからだ。彼らがほしいものはたくさんあるが、お金がないために新車やテレビを買うことを断念している、あるいはそれを買うためにもローンを組む。彼らがクルマを買わない選択をすれば、当然だが自動車の生産は少なくなるし、それをつくるための仕事も減る。一方で彼らが自動車を買うために借金をすれば、その利息の支払いが必要になり、他のものを買うお金が減るだろう。

私は所得平等主義者ではない。しかし、現在のアメリカの最低賃金では、そもそも家族を養うことができない。富がある一部の層に集中していれば、よりたくさんの豪邸、プライベートジェット機、より高級なレストランなどが生み出される。そうなれば貧しい市民に提供できる医療や教育は削減されるし、公園やレクリエーションなどの整備も後回しになる。

アメリカの最低賃金は「恥」である。最低賃金引き上げに反対する人が述べる主な理由は、以下の二つだ。その一つは、最低賃金でも儲けの出ない企業が廃業してしまう。もう一つは、雇い主は人を雇うことの代替手段を探す。たとえばロボットで労働を代替するだろう、ということだ。そのどちらもが仕事の絶対数を減らすのはたしかだが、逆に仕事を維持できた人の収入は増えることとだろう。

万人に「有害」なタックスヘイブン

巨大な所得不平等を改善するための他のやり方は、企業が「節税」するための手法にアプローチすることだ。二〇一六年四月、パナマの法律事務所であるモサック・フォンセカから流出した一一五〇万を超える文書が「パナマ文書」として注目された。

この文書には世界中の企業、個人によるタックスヘイブン（租税回避地）の利用の実態が記され、あらためてタックスヘイブンという存在にスポットが当たったが、企業が手にした利益を節税する方法へのアプローチのなかにはもちろん、タックスヘイブンに対する対策も含まれる。

節税のためには、いくつかの手法がある。一つが、バミューダ諸島、ケイマン諸島、アイルランドに子会社をつくる、というものである。二つ目が、「インバージョン（納税地転換）」。これはある企業が、自社株の何割かを外国の企業が保有している、と示すことができれば、そこでの割合に応じて税を払わなくてもよい、というものだ。そして最後が、企業が海外への本社移転を行なう、というものである。

トマ・ピケティの弟子でもあるロンドン・スクール・オブ・エコノミクスのガブリエル・ズックマンは、その著書『失われた国家の富　タックス・ヘイブンの経済学』（林昌宏訳、NTT出版）で、七・六兆ドル、つまりは世界の個人金融資産のなんと八パーセントが、タックスヘイブンに存在している、と推定した。

二〇〇七年、ＵＢＳ（スイス）がアメリカ人の口座を国外のタックスヘイブンに隠していたことが明らかになった。政府はＵＢＳにアメリカ人の口座の開示を要求し、同様の隠蔽を行なっていたクレディ・スイス（スイス）など他の金融機関に対しても、計五〇億ドルの罰金を科した。

これがきっかけになり、アメリカで二〇一〇年、「外国口座税務コンプライアンス法（ＦＡＴＣＡ）」が制定され、二〇一三年から施行された。

ＦＡＴＣＡとは、アメリカの市民権を有している人に対し、その人の金融資産を「アメリカ合衆国内国歳入庁（ＩＲＳ）」に報告することを義務づけ、海外の銀行に対しても、アメリカ国民の口座はＩＲＳに報告すべし、という法律である。この法律でアメリカ政府は、海外の銀行に圧力をかけられるようになった。

しかし、タックスヘイブンは銀行ではなく国や地域によって運営され、それについて政治家は口を閉ざしていることを忘れてはならない。アメリカにもタックスヘイブンは存在する。デラウェア州が有名で、本社をデラウェア州に置く会社は多い（二〇一六年四月の集計では、九四万五三二六社）。あるいは私はフロリダに家をもっているが、フロリダ州は所得税がゼロだ。

先進国だけではなく、G20諸国はタックスヘイブンに対応する政策を至急、策定すべきだろう。タックスヘイブンを使った節税は、われわれ全員にとって、有害なのである。

巨大な所得格差を改善するもう一つのやり方は、「富の集中をなくすために最高レベルの所得に対する税率を引き上げ、同時にグローバルな資産課税を導入すべき」というものだ。かのピケティが提唱している方法論で、ここで彼がいう資産とは、株式や債権はもちろん、不動産、土地、建物からソフトウェアなども含んでいる。

ピケティは収入と富の分配について誰よりも豊かな知識をもち、その提案も魅力的だが、まったく問題がない、というわけでもない。たとえば資産税が人々のモチベーションを減退させ、イノベーションが起こらなくなる。あるいは政治家が選挙で富裕層の支援に依存しているため、そもそもこの提案が議会で議論されることはない。さらには、富裕層は資産税が存在しない国に資産を移す、ということなどが、ピケティへの反論として考えられる。

おそらくピケティは、拡大する富の不平等を抑えるほかの手段と比べるための材料として、この提案を行なったのではないだろうか。彼は理想主義者ではなく、現実主義者だからである。

「コンシャス・キャピタリズム」という潮流

もう一度繰り返そう。私は決して、資本主義を捨てればよい、と考えているわけではない。世界各国はこれからも、それぞれの国民の生活を改善していくことができる、と楽観視している。

消費者や労働者たちのため、市民のため、現在よりも真の意味で万人に役立つ資本主義のかたちが必ずあるはずだ。

資本主義と不可分な存在であるグローバリゼーションについても、トータルで考えればマイナスよりもプラスのほうが大きい。一九九二年に締結された北米自由貿易協定（ＮＡＦＴＡ）の背後にあったアイデアは、今後、メキシコがより豊かになれば、アメリカからモノを買うだろう、ということであった。クライスラーやゼネラルモーターズの工場がメキシコにあれば、そこで働くメキシコ人は以前より裕福になり、中間層の仲間入りをすることができる。

その一方で、保護主義を鮮明に打ち出したトランプ大統領の考え方は、私にいわせれば非現実的だ。トランプはアメリカへの投資を促すが、他国の企業からすれば、なぜ労働コストや他のコストが高くなるアメリカにビジネスを移そうという気持ちになるのだろうか。トランプは共和党が深く信じている、自由貿易の原則そのものを否定している。

同時にトランプは、アメリカ国内以外の海外に新しい工場を建てることができないという恐怖を大企業に植えつけた。しかし、すでに海外に移った工場を呼び戻すことは不可能だろう。

トランプがメキシコからの輸入品に関税をかければ当然、メキシコもアメリカからの輸入品に関税をかけるだろう。トランプが私たちの同盟国を犠牲にしてまで「アメリカを再び偉大にする」ことに焦点を置けば、アメリカは同盟国を失い、世界中で自国のイメージを傷つける。だから私はトランプのことを「ホワイトハウスのテロリスト」と呼んでいるのだ。

さて、今日においては、「意識の高い資本主義（コンシャス・キャピタリズム）」というムーブメントがある。この言葉の創始者とされるのが、バブソン大学名誉教授のラジェンドラ・シソーディア、さらには「出資者や株価に目を奪われず、顧客、従業員、取引先、投資家などのステークホルダー（利害関係者）全体にとって価値あるものをつくりつづけるのが、最良の道である」という理念を掲げて成功した食品スーパーチェーン、ホールフーズ・マーケット創業者兼共同CEOのジョン・マッキーだ。

彼らは毎年、大規模な会議を開催し、そこでさまざまなスピーカーが資本主義のパフォーマンスを向上させるべく、目下、取り組んでいるプログラムについて説明する。ジョン・マッキーは自らの体験に基づいて、ホールフーズ・マーケットを「人を幸せにする経営」へと変えていった逸話を語り、短期的利益と長期的視点という二者では、後者のほうが結果的に好業績をもたらすことを証明しようとする。

彼らの考え方は、ジョン・マッキーとラジェンドラ・シソーディアによる共著『世界でいちばん大切にしたい会社 コンシャス・カンパニー』（鈴木立哉訳、翔泳社）にまとめられている。

とはいえ、最初に「コンシャス・キャピタリズム」という言葉を聞いたとき、私には意味がよくわからなかった。いまの資本主義は「意識を失っている」のかと思ってしまったのだ。

おそらく私ならば、それを「責任ある資本主義」（Responsible capitalism）と名づけたことだろう。

より賢く望ましい資本主義とは

「コンシャス・キャピタリズム」には四つの前提がある。『世界でいちばん大切にしたい会社』の内容も引きながら、紹介してみよう。

第一に、企業には、利益を追求するだけではなく、崇高な目的がなければならない。運転手が必要ない自動運転のクルマをつくるだけではなく、そこで求められているのは将来のビジョンだ。その崇高な役割を打ち出すことこそ、経営陣の役割である。

第二に、企業はステークホルダーの視点を有するべきで、シェアホルダー（株主）のことだけを考えるべきではない。ステークホルダーの視点でビジネスを行なえば、それが結果的に、シェアホルダーの利益にもつながる。

たとえば、私が自動車製造会社を経営しているとしよう。自動車の座席を提供するサプライヤーは毎年同じ企業を使っているが、その企業よりも安く同じ商品を提供するところが登場しても、安易に乗り換えることはしない。そのサプライヤーとの信頼関係が構築されているので、過剰請求はされないし、何が必要であるのかを新たに説明する必要もないからだ。

一方で、値段につられて安易な乗り換えを行なっても、われわれは新しい企業をもう一度訓練しないといけないし、信頼関係が構築されるまでに長い年月がかかる。私はそれを「サプライヤーの忠誠」と呼んでいる。自らのビジネスの周辺に安定した関係を築くことが、何より重要なのだ。

そこですべてのステークホルダーが活動成果を改善するために、安定してアイデアを出し合えば、結果的にそれはすべてのステークホルダーの満足につながり、収益だけを求めることが利益を最大化させることにつながる、という見方を打ち破ることができる。

第三に、企業には意識の高いリーダーシップがなければならない。指揮統制システムを運用するだけでは不十分であり、リーダーは対立や二律背反などに対応しつつ、最終的には全員が納得できる解決策を生み出さねばならない。

第四に、意識の高い企業文化と経営陣を有しなければならない。企業は関係者のイノベーション、コラボレーション、エンパワーメントを促進させるような価値観を基本とすべきである。「コンシャス・キャピタリズム」はイノベーションに強い関心を抱いている。そしてイノベーションを起こすために必要なのは、独裁型ではなく参加型の経営であり、そこで経営者は、労働者、サプライヤーなどすべてのステークホルダーに尽くさねばならないのだ。

もちろん、こうした「コンシャス・キャピタリズム」が今後、どの程度、ビジネスリーダーの考え方を変えていけるのかは、不透明だ。しかし「コンシャス・キャピタリズム」に基づく会社が、収益だけを重んじる企業を上回る収益を継続してあげることができれば、それは他の企業にも強い影響を与えることだろう。

そして「コンシャス・キャピタリズム」の実践は、いまや一日五〇〇〇回以上という洪水のような広告にさらされ、企業に不信の目を向ける消費者の信頼を取り戻すものにもなる。広告偏重の質の悪いマーケティングは、消費者のあいだの不信感を増幅させる。かつてのマーケティングは「守ることができない約束」を宣伝し、消費者の企業に対する疑念を生み出した。

ならば質の高い、必ず約束を守るマーケティングを行なえば、消費者の信頼を取り戻し、それが最終的に資本主義の向上にもつながるものになるだろう。

「コンシャス・キャピタリズム」のほかにも「ニューエコノミームーブメント」といわれる運動がある。これは、より多くのビジネスと資本を一パーセントのほうではなく、残りの九九パーセントに預けよう、というものだ。法人資本主義ではなく、労働者自身が企業を所有し、経営するというモデルをめざしている。

　こうした同時並行の運動が示しているのは、世界はより賢く、より望ましい資本主義を模索している、という歴然とした事実なのだ。

第7章
日本だけがもつ価値を自覚せよ
再び「世界最強のマーケター」となれ

「コンシャス・キャピタリズム」と日本

前章において、私は資本主義を否定するのではなく、よりよいかたちにそれを改善していく運動である「コンシャス・キャピタリズム」について言及した。その特徴をもう一度、振り返っておこう。

第一に、企業は利益を追求するだけではなく、崇高な目的をもたなければならない。第二に、企業はステークホルダーの視点を有するべきであり、シェアホルダーのことだけを考えてはいけない。第三に、企業には意識の高いリーダーシップがなければならない。第四に、企業には意識の高い企業文化が不可欠である。

この四つの特徴を聞いたとき、違和感を覚える日本人はそれほどいないのではないだろうか。日本型資本主義は個人主義に基づいたアメリカ型のそれよりも「集団主義的」である、という議論を先に述べた。そして「コンシャス・キャピタリズム」には、日本型資本主義との親和性を見出すことができる。

前章でも見たように、アメリカの主要企業は企業経営において株主価値（企業の事業価値から、他人資本の価値を引いたもの。一般に、上場企業の時価総額を指す）を最大化する、つまりシェアホルダー志向を中心に据えている。そこで経営者は、自らがMBAプログラムで学んだ合理化の手法を実践し、コストに強い意識を払う。彼らが労働組合や政府からの圧力を受けないまま、賃上げを決断することは、ほとんどない。

コスト意識の高さがゆえ、アメリカ企業の多くは、サプライヤーのあいだで熾烈な競争をさせるのがつねであった。そこで彼らはいつもこう語った。「油断してはいけない。あなたの会社よりも、もっと安いサプライヤーがあるかどうか、調べてみよう。そうしてほしくなければ、あなたの会社の部品がいちばん安いことを、どうか証明してくれないか」。

一方でサプライヤー側も、取引に関する情報を積極的に公開しようと試みる代わりに、見積もりの根拠を知らせないでそれを駆け引きに使おうという傾向があった。そうしたなかでは当然だが、企業とサプライヤー相互の信頼関係や協力体制は成立しない。

日本の場合はどうだったか。日本企業はサプライヤーと、より長期的な関係を志向した。日本企業はサプライヤーに「品質保証」という考え方を浸透させ、品質上の問題点や設備投資などの情報を提供し、技術指導や改善指導の努力を怠らなかった。その結果、企業とサプライヤーの関係は緊密化し、長期的な協力関係が築かれることになった。

アメリカ企業がシェアホルダー志向であれば、日本は逆にステークホルダー志向といえる。そうしたなかで、プロセス管理を徹底的に効率化し、在庫や時間を圧縮するリーン（「贅肉のとれた」の意味）生産方式（別名・トヨタ生産方式）が、生まれてきたのである。

いまだに「系列」という名のコングロマリットを形成している日本企業は少なくない。周知のとおり系列とは、中核となる企業を頂点として構築された企業グループのことで、系列内の企業では、企業間取引や株式の持ち合い、人的資源の相互共有などによって、固い結束を維持してきた。

一八五三年、マシュー・ペリー提督による「黒船来航」をきっかけに、二百五十年間の鎖国から目覚めるまで、日本企業は海外企業との競争を経験したことがなかった。第二次世界大戦後にも自動車産業を中心として、輸入数量規制、輸入関税などの保護を受けてきた。そうした互助の考え方が、閉鎖的な関係性をもつ系列の根本にもあるのではないだろうか。

もちろん他国の企業から見れば、それは競争阻害行為だと認識されるだろう。かつて日本市場に参入しようとしたアメリカ企業が系列という「参入障壁」を批判したのは、まさにそのためだ。

日本は所得格差が拡大していない？

とはいえ、最近のアメリカ企業は日本と同じように、ステークホルダー志向を強めているように思える。「コンシャス・キャピタリズム」の台頭自体が、その証左だ。企業がより多くのステークホルダー間で仲間意識をつくり上げることができれば、より大きな成功を手にすることができる。

そこでステークホルダー志向経営を実践している企業が、シェアホルダー志向経営だけを実践している企業よりも、シェアホルダーへのリターンについても好成績をあげられるようになれば、ステークホルダー全員の仲間意識はさらに強くなる。そうした成功を継続し、勝利を収めつづけることができれば、それが他の企業の行動にも、影響を及ぼすはずだ。

ステークホルダー志向という点で、私たちアメリカ人は、日本人にたくさんのことを学べるのではないか。ステークホルダー志向を企業理念に掲げている日本企業は多い。世界最大のファスナーシェアを占めるＹＫＫの会長ＣＥＯ、吉田忠裕氏は、ケロッグ経営大学院の私の教え子であり、いまでも定期的に連絡を取り合っている。その吉田氏の父親でカリスマ経営者と呼ばれたＹＫＫ創業者、吉田忠雄氏が企業理念に掲げたのが、「善の循環」（Circle of Goodness）という考え方であった。

「事業活動の中で発明や創意工夫をこらし、常に新しい価値を創造することによって、事業の発展を図り、それがお客様、お取引様の繁栄につながり社会貢献できる」ということが、「善の循環」の根幹にある。「他人の利益を図らずして自らの繁栄はない」ということを、吉田忠雄は自らの経営のなかで実践してみせた。

さらにはステークホルダー志向にも関係するが、アメリカなどの他国に比べ、日本企業のＣＥＯは、平均的労働者との給与水準の差がそれほど開いていない。アメリカの上位一パーセントが、かつてであれば考えられないほどの富を得ているのは、前章で見たとおりだ。

アメリカにおいて、ＣＥＯと一般労働者の賃金格差は、一九五〇年から二〇一三年のあいだで一〇倍にも広がっている。「フォーチュン・グローバル５００」に選出されている企業のＣＥＯと一般労働者の報酬差は、一九五〇年には二〇倍だったが、二〇一三年には二〇三倍にまで拡大した。

いまやアメリカには、一億ドルを超える途方もない年収を受け取るCEOも存在する。たとえばアパルーサ・マネジメントというヘッジファンドの創業者であるデビッド・テッパーは、二〇一二年に二二億ドルの報酬を手にした。アメリカ企業で経営幹部に支払う報酬がコスト化すればするほど、それは日本や韓国、中国企業と競争するときに、大きなハンディになることを意味している。

それだけの多額の報酬に見合う価値をもつ経営者がいるのかどうか、私は疑問に思っているが、そうした人たちや保守派が富裕層に対する増税に反対するのだから、困ったものだ。富裕層のなかでも、マイクロソフト創業者のビル・ゲイツ、バークシャー・ハサウェイ創業者のウォーレン・バフェットのように、増税に賛成する人がもっと増えていくべきだろう。

一方、日本企業の経営層と一般従業員の賃金差は、おおよそ五～六倍といわれてきた。アメリカに比べれば、桁違いに低い水準だ。もっとも最近では日本においても、この比率が拡大するケースが散見される。日産のカルロス・ゴーン会長のかつての年収は約一〇億円といわれ、日本の経営者では群を抜いて高い。ちなみにトヨタの豊田章男社長の年収は、約三億五〇〇〇万円といわれる。

そもそも、日本は他国に比べて貧富の格差がそれほど拡大していない、というデータもある。トマ・ピケティが監修した「ワールド・トップ・インカム・データベース」(各国の年収上位一パーセントに当たる人の年収が、その国民全体の年収に占める割合を「格差」の基準にしている)を見ると、日本の格差は一九九〇年代初めには七パーセントで、二〇〇八年には九・四パーセントにまで上昇したが、二〇一二年には九パーセントに下がった、と『ウォール・ストリート・ジャーナル』は指摘した。

ピケティの研究論文の共著者であるカリフォルニア大学バークレー校のエマニュエル・サエス教授は、「日本は一般的に収入格差が少ない国だ。とくにエグゼクティブの報酬が企業の基準と年功序列の賃金体系によって、非常に抑制されているからである」と語っている。もちろん欧米諸国と同じように貧富の格差が拡大しているデータも存在するが、それでも他国と比べれば、日本は国家として安定しているのではないか。

世界一の「長寿企業」大国・日本

そうした日本の特性を考えるとき、やはり歴史的な観点を見落とすわけにはいかないだろう。日本の歴史は何千年もの昔にまで遡ることができ、そのなかで日本国民は生まれながらの立場を概して受け止め、慣習や典礼を受け継いできた。二十世紀に入ると、まったく異なる社会を求めるマルクス主義のような議論も一部では起こったが、そうした意識が日本人全体に浸透することもなかった。

だからこそ、特定の人が成功を収めても、そのことに対して日本人はあまり強い拒否反応を示さない。そして成功した人がその特権を乱用しなければ、日本は安定した国でありつづける。

国として安定しているだけではなく、日本企業にも、安定性を重視する、という傾向が強い。いわゆる「ゴーイング・コンサーン」（企業が将来的にも無期限に事業を続けることを前提とした考え方）だ。

日本には、創業してから百年以上続いている「長寿企業」が多い。あるデータによれば、日本で創業後、百年を超えて継続する企業は二万六〇〇〇社といわれる。創業後、三百年を超える企業は六〇〇社、五百年を超える企業は四〇社であるという。さらに、世界中の創業二百年を超える企業の半数弱が、日本に存在しているというデータもある。

周知のとおり、世界で最古の企業があるのも日本だ。寺社の設計、建築を手がける金剛組の創設は、五七八年である。

『企業生命力』（堀出一郎訳、日経ＢＰ社）の著者であるオランダのアリー・デ・グースは、ロイヤル・ダッチ・シェルに在籍していたとき、世界で創業から百年以上継続した二七社を対象に、企業が長期的に存続するためには何が必要か、ということを研究した。化学製品を取り扱う会社であるアメリカのデュポン、もともと電子部品機器からスタートし、現在では多種多様な製品を扱うドイツのシーメンスなどと並び、そのなかで日本企業が二社、紹介されている。三井と住友である。

アリー・デ・グースの問題意識は、本来であれば企業の潜在寿命は数百年あるにもかかわらず、実際の平均寿命が五十年程度であるのはどうしてか、ということだった。そこで潜在寿命よりも早くその企業が「死んで」しまえば、経済や地域社会にマイナスをもたらしてしまう。

そして二七の「リビング・カンパニー」（生命力ある企業）を調査した結果、長寿企業には、「保守的な財務」「環境変化に敏感」「己を知る」「新しいアイデアに寛容」という四つの特徴があることに、アリー・デ・グースは気がついたのである。

さらに「リビング・カンパニー」は社員を大切に扱うことで、彼らに学習の機会を提供する。また「リビング・カンパニー」を率いる経営者は、シェアホルダーのためにビジネスを遂行するのではなく、ステークホルダーの献身を呼び起こすためのコミュニティ構築をめざす。

お気づきのとおり、こうした「リビング・カンパニー」と日本企業にはいくつかの親和性がある。日本企業は財政的にかなり保守的な考え方をする。莫大な利益をもたらすかもしれないが、企業を倒産させるかもしれない、というときに、大きなリスクをとることは少ない。日本企業の経営者は、従業員に対する責任を感じているからだ。

ときに日本企業は成長や意思決定のスピードが遅いといわれ、それが批判の対象になることもある。これから述べるように、私自身はリスクをとることが、これから日本が成長を続けていくためには不可欠だと考えているが、そもそも日本企業、さらにいえば日本人自身に、成長よりも安定を望むバイアスがあることは否めないだろう。

「改善」に衝撃を受けたアメリカ人

そうした、アメリカとは異なる日本の経営風土に、これまでアメリカ人は大きな影響を受けてきた。アメリカの衣料繊維会社であるミリケン社を創業し、アメリカ政治の保守運動の草分けともいわれるロジャー・ミリケン（一九一五〜二〇一〇年）が初訪日したときの驚きを、私に話してくれたことがある。あまりにも日本から学ぶことが多すぎて衝撃を受けたミリケンは、滞在先のホテルから自社の幹部に電話をかけて、「わが社は変わらなければならない」と一時間も話したという。

ミリケン氏が衝撃を受けたのは、第二次世界大戦後に来日して、日本の経営者に品質管理の概念などを説き、日本製品の品質をおおいに向上させたウィリアム・エドワーズ・デミング博士の品質管理プログラムや、「改善」や「ジャスト・イン・タイム」という思想についてであった。そして日本の考え方に影響され、自社に取り入れた日本のビジネスシステムがミリケン社を救った、と彼は私に強調した。

かくいう私自身も、日本経済の飛ぶ鳥を落とすような勢いに影響された一人といえる。ケロッグ経営大学院におけるCEO向けの講義のなかで、一九八〇年代初頭、次のような批判を受けたことがある。「アメリカが経済面で日本に完敗しているのは、あなたの責任ではないでしょうか、コトラー教授」。その生徒は続けてこういった。「あなたの著書である『マーケティング・マネジメント』を読み込み、それを実行することで、日本人はアメリカの産業を次から次に倒してきたのではないですか？」。

そこで私はこう返答した。「日本人は私が論じてきたことを信じた。その一方、アメリカ人はそうしなかった。ビジネスマンであればどんな人でも本を読み、そこに書かれている戦略などを実行できるはずだ」。

その当時、日本は自動車、テレビ、鉄鋼、造船、ファスナー、電卓など数々の分野で、世界でもっとも強い競争力を保持していた。化学、製薬などの分野でも、実力を高めつつあった。その華々しい活躍は、アメリカが多くの産業で主導権を喪失し、さらに経営やマーケティングなどについては、アメリカよりも日本のほうが上手《うわて》であることを、アメリカ人に知らしめるに十分なものであった。

一九八九年には、三菱地所がロックフェラー・センターを中心とするマンハッタン中心部のオフィスビルを買収したが、それによってアメリカ人の自尊心は、さらに傷つけられた。

「世界最強のマーケター 日本人」

おそらく当時の日本人は、マーケティングを「他社より優れた製品」と理解していたのではないだろうか。一方で、当時のアメリカ人は、それを「他社より優れた広告」と認識していたように思う。

その後、一九八二年に私が「世界最強のマーケター日本人」という論文を発表したのは、「はじめに」でも述べたとおりである。論文のなかで、数多くの市場で日本企業がもっとも重要な位置にいるのは、マーケティングに対する造詣の深さなどがある、と私は述べた。

当時の日本型の意思決定システムは、ボトムアップ型のそれに数多くの当事者が関与し、さまざまな可能性を調べて取捨選択を行なう、というものだった。このプロセスには多くの時間が必要になるが、ひとたび当事者間を納得させる結論を出すことができれば、その後の行動は素早かった。

日本の人事制度は、いずれも社員の企業に対する忠誠心を高めるためのものだった。終身雇用や定期的な人事異動によるゼネラリストの養成、あるいは優れた研修システムなどは、社員と企業の結びつきを強いものにした。さらにはこれも先に見たように、品質管理や生産効率を高めるという面でも、日本は独特のシステムをもっていた。

政府が主導した産業振興、さらには労使のあいだの強力な連携も、企業の発展に寄与した。日本にしかない事業形態である総合商社や、企業が取引をする主力取引銀行を一行だけにして、その銀行と密接な関係を築く「メインバンク制度」も、企業の成長を促した。これらはいずれも互助と信頼によって成り立つ、日本ならではのシステムであった。

さらに当時の日本人は、「最後に勝利をもたらすのは顧客価値である」ということを知っていた。日本企業は製品の質を高めることに尽力し、その製品に優れたデザインや、これまでにはなかった付加価値をつけることで、顧客に奉仕しようとしたのだ。

コンセンサス経営はいまや日本の弱み

しかし残念なことに、そうした日本企業の凄まじさが未来永劫《えいごう》、続くわけではなかった。一九九〇年代に入ってバブルが崩壊し、日本経済が失速しはじめたとき、私はこういった。「この失速は一時的なものである。これからも日本は世界のなかでの主導権を手放さず、新しい産業をつくり上げていくだろう」。しかし、それから数年経っても、日本経済の状況は悪化していくばかりだった。

おそらく、ひとたび成功を手にしたことで、日本経済の繁栄は永遠に続く、というある種の傲慢さが、日本人に芽生えたのではないか。そして、優れた初期の指導者や起業家のあとを継いだ日本の経営者たちには、先達《せんだつ》ほどの独創性と創造性が不足していた。

そして日本企業は、製造のことはよく理解するようになったが、やがてマーケティングを「プロモーション」であると勘違いするようになった。いまだに日本には、マーケティングとは「十五秒の効果的なテレビコマーシャルをつくること」と見なす企業が多いように思える。それはたんなるマーケティング・コミュニケーションであり、マーケティング戦略ではないことは、ここまで本書を読み進めていただいた方には自明だろう。

さらに現在において、コンセンサス経営には一長一短があることを、日本人は理解しなければならない。かつての強みが現在の弱みとなる、ということに関する真摯《しんし》な認識が必要なのだ。重要な決断をするときに時間をかけるのはよいことのようにも思えるが、それが賞賛されたのは、一昔前の話である。

マーケティング4・0の根幹がデジタル化への対応、ということにも見られるように、目下、企業が直面しているのは、デジタル・ディスラプション（デジタル時代の創造的破壊）である。これまで競合とは見なされていなかった企業があっという間に台頭し、その業界のリーディング・カンパニーを滅ぼしてしまう。

そこで日本企業が考えるべきは、急速に変化する世界にどのくらい素早く対応し、素早く変化できるか、ということだ。自国や欧米の企業だけではなく、韓国、中国、台湾、インドネシア、タイなどアジア諸国の企業の成長に適応し、それらと戦えるだけのレジリエンスと敏捷《びんしょう》性があるのかが問われている。

そこで韓国や台湾のライバルたちと比べて、日本企業の意思決定が遅いことは否めない。これは日本にとって、とてつもなく大きなハンディである。サムスンやLG、ヒュンダイなどの韓国企業が積極的にリスクをとりに行くのに対して、成果主義よりも終身雇用と年功序列を優先する雇用形態の硬直性が、日本の回復力を阻害しているのだ。

「伝説の経営者」と称されたゼネラル・エレクトリックのジャック・ウェルチはかつて、仕事の効率が悪い一〇パーセントの社員をつねに解雇してきたが、その決断はトップダウンであり、誰のコンセンサスも得ていなかった。こうした経営手法を採用する経営者が日本でも増えれば、それが日本企業の風土をひっかきまわし、よりリスクをとる風土が醸成される可能性もあるだろう。

ほかにもリスクのとり方にはさまざまなやり方があるが、その一つとして、企業のなかにアントレプレナーシップのある組織を有する、というものがある。サムスンは、さまざまなスタートアップ企業に投資し、そのなかに「大当たり」するものがあるかもしれない、と考えている。一〇のうち九が失敗しても、残りの一が大成功すれば、それが企業に継続した成長をもたらす、と見なしているのだ。

あるいは終身雇用と年功序列に関する考え方を改めると同時に、経営陣を異なる仕事や、会社内の異なる部署間で異動させることも必要だろう。将来の機会を逃さないためには、経営陣が会社の全体像を体験的に把握することが不可欠になるからだ。そうした人材を数人有していれば、その企業はトップを交代させるとき、複数の優秀な候補者から厳格な選択を行なえる。しかし多くの日本企業では、そうした競争が起きるかなり前から、次のトップが決まっていることが多いのではないか。

つまり、かつて長所であったはずの安定性をどう考えるのか、という岐路に日本はさしかかっているのだ。もし海外の自動車メーカーが日本に工場をつくろうとしたら、その基準に合わせるためにはあまりに高いコストを払わねばならないことに気がつくだろう。そこで日本の既存産業は保護されるかもしれないが、長い目で見れば、それは日本という国にとってプラスになるのだろうか。

日本がより速い成長を望みたいならば、外資の導入に対してもさらに積極的になり、そこで起こるであろう競争にもオープンになるべきなのだ。

「日本人には創造性がない」は正しいか

かつてとは様変わりした状況のなかで、日本の先行きに悲観論が生まれてくるのも自然なことだろう。その一つは、新しい発想が必要な時代において、模倣と改善は上手だが、創造的ではない日本は勝ち残れない、という議論である。

たしかに一世を風靡《ふうび》したソニーのウォークマンは、その後も改良が重ねられ、子供向けウォークマンなど、数多くのバリエーションが生み出された。しかしそれはあくまで「ウォークマン」であり、顧客の「いつでも、どこでも、さまざまな音楽を聴きたい」というニーズに応えたのは、アップルのｉＰｏｄだった。

しかし私は、日本人が創造的ではない、という見方にはくみしない。日本のビジネスリーダーは「ものづくり」だけが得意である、というステレオタイプに惑わされると、事実を見失う。そもそもウォークマンという革命を成し遂げたのはソニーであり、私自身も多くの創造的な日本のマーケターに出会ってきた。もし、創造的でないことが日本人の国民性であるなら、起業して成功した日本人は例外とでもいうのだろうか。

日本人から創造性を遠ざけているのは、国民性ではなく教育システムの面が大きい。暗記による教育ではなく、批判的思考を奨励する教育が実施されるようになれば、もっと多くの創造的なビジネスリーダーが輩出するだろう。二〇二〇年の実施を最後に、二〇二一年からは現在のセンター試験が廃止され、大学入試がよりアメリカに近いかたちに変わると聞いている。思考力や判断力を問う傾向が強まるのはよい流れだが、それだけをもって日本の教育が変わる、とも言い難い。

イノベーションと創造性は、企業の活力源である。すでにその素地と能力を有している日本に必要なことは、リスクをとってチャレンジする、失敗を許容する、ルールを遵守することよりも成果を出すことを重視する、などの意識の改革だ。もしそれができなければ、かつて世界最強を誇った日本が世界から取り残される可能性もある、と危惧している。

バブル時代には「メイド・イン・ジャパン」にあやかろう、と自社の名前を日本風に変えるアメリカ企業があったことを覚えているだろうか。一九七二年創設のビデオゲーム会社であるATARIなどだ。

たとえばいま、日本企業がリスクをとり、新しいことを次々と生み出せるようになれば、「メイド・イン・ジャパン」でなく「クリエイテッド・イン・ジャパン」に価値がある、と世界は認識するようになる。そもそもの日本企業のイメージをもう一度、世界に発信する重要性を、ここでは強調しておこう。

IoT分野で世界のリーダーとなれ

そして日本がこれからも成長を続けていくためには、どのような業界に軸足を置くべきか、という思考も避けて通ることはできない。まず、最大の強みである自動車業界の力を今後も維持しなければならないだろう。トヨタ、日産、ホンダなど数多くの競合を自国内に抱えている競争の激しい風土自体が、日本の自動車業界の特長である。

しかし、この業界はいま、大きな変化の波にさらされている。コンピュータ化が進展し、すべてのクルマは自動運転に向かっている。さらにはクルマを所有したいと思う人も、かつてより減った。アメリカの若者はクルマに対する興味を失い、自動車を買う層であっても、新車よりも中古車を選択する人が増えている。都会で自動車を所有するくらいなら、自動車配信アプリであるウーバー（Uber）のようなライドシェアサービスを使えばよい、という考え方もメジャーになってきた。

トヨタや日産のような会社は起業家精神をもって大規模な投資を継続し、その変化を乗り越えるイノベーションを生み出していくべきだろう。

次に有望と思われるのが、ロボティクス（産業用以外のロボット学）である。ロボティクスは日本にとって、新しい成長産業になりうるスターといえる。あるいは製薬分野でも、日本はリーダーシップを発揮できるのではないか。新薬や新しい治療法を発見すべく、絶え間ない努力を続けなければならない。

そしてＩｏＴでも、日本はリーダー的な役割を果たせると信じている。ＩｏＴではセンサーをさまざまな商品に埋め込むが、それはセンシング技術に長《た》けた日本企業にとって有利に働くだろう。

さらに日本では高齢化が急速に進んでいるので、それを逆手にとった老人や介護に関するイノベーションにもニーズがある。経済産業省はそうした成長産業を精査し、自国がリーダーシップをとることのできるチャンスがどこにあるのかを考えるべきだ。そうした変化のなかで、既存の主要産業の一部は破壊の波にさらされるかもしれないが、だからこそ日本には新しい産業が必要なのである。

あるいは自らのファッションやデザインセンスにも、日本は自信をもつべきだ。日本人はそれらによって、製品をいっそう美しくできる力をもっている。

そうした日本文化を輸出していく一方で、観光業にも可能性があるだろう。二〇二〇年の東京オリンピック開催に合わせて、国土交通省は、現在の二倍に当たる四〇〇〇万人の訪日観光客を迎えたい、という計画を立てた。そのためにはホテルの建設も含めた受け入れ態勢の整備が必要だ。同時に、東京や京都だけではなく、日本各地のさまざまな場所を訪れたい、と観光客が思えるような政策が不可欠になるだろう。

マーケティングこそ復活の鍵である

最後に繰り返しておこう。そうした成長を牽引する鍵こそが、マーケティングなのである。第2章でその変遷を見たように、かつてマーケティングとは「製品をつくり終えたあとに考えるべきこと」であった。しかし、いまやそれは「何をつくるべきか」ということに対する答えなのである。

偉大なるマーケターは売り方を知っているだけではなく、売るために何をつくるべきかを理解している。彼らは顧客と密接につながり、顧客の秘めた願望や不満を察知する。そこから、まだ満たされていないニーズや機会を見出すのだ。

ケロッグ経営大学院の私の教え子でもあるエーザイCEO、内藤晴夫氏は、自社が提供したシステムがどのくらい機能しているかを知るために、患者として一週間、実際の病院ですごしたという。そこで彼は病院経営について多くを学び、会社の経営陣にも同じことをするように命じた。彼が肌で感じた直接経験が、顧客の秘めた願望や不満の察知につながったのである。

そのためにも、さらに多くの会社がCMO（Chief Marketing Officer：最高マーケティング責任者）を任命し、戦略を練らなければならない。私はよく「あなたの会社にはCMOがいるか」と質問する。しかし、たとえCMOという役職があっても、彼がその時間のほとんどを同じ部署のスタッフとすごしているようでは意味がない。少なくともCMOはその時間の過半を他の部門、とくにCMO（Chief Manufacturing Officer：最高製造責任者）とすごすべきだろう。

逆説的に思えるかもしれないが、「マーケティングのことしか考えていないマーケティングは、必ず失敗する」のだ。マーケティングの本質を理解し、より多くの人が戦略的マーケティングを理解するように努めなければならない。マーケティング3・0、さらにはマーケティング4・0という潮流のなかで、日本企業は顧客に情報を提供し、価値提案を行なう能力を向上させなければならないのだ。そして顧客の関心を惹きつけ、ロイヤルティを高めるストーリーテリングの腕に、磨きをかけるべきなのである。

終章
不透明な時代の人生戦略
あなたはいま何をするべきか

一般教養を重視するアメリカの大学

ピーター・ドラッカーは『ドラッカーの遺言』（窪田恭子訳、講談社ＢＩＺ）で、「日本の若い世代の人たちには、二〇代から遅くとも三〇代前半のうちに、少なくとも二～三年は日本を離れて、他国で働く経験を積むことをお勧めしたいと思います」と語ったというが、現代の日本の若者は、あまり自国の外に出たがらないようだ。文部科学省の集計によれば、日本から海外に留学する若者は、ピーク時である二〇〇四年の八万三〇〇〇人から、二〇一三年には五万五〇〇〇人にまで減少したという。

しかしこのグローバル時代のなかで、留学して他国の言語を学び、日本では教えられない一般教養を身につけ、国際感覚を体得することの重要性は、論を俟《ま》たない。

いまや英語ができなければ、ビジネスのスタート地点に立つことすらできない。かつてに比べて日本が英語教育に力を入れていることは、私も知っている。二〇一一年度には英語の授業が小学五年生から必修となり、二〇二〇年度には小学三年生からの必修化、小学五年生からの教科化が決まっている。

しかしいまのところ、日本の英語教育が望んでいるような成果を生み出しているかといえば、そうともいえないだろう。もちろん英語をマスターすることは簡単ではないが、世界の共通言語から逃げる選択肢をとることはできない。

英語と同様に、一般教養がどれほど重要か、ということについても、議論の余地はないだろう。過去を振り返り、膨大に積み重ねられてきた思想や歴史を知ることは、社会に変化をもたらすための力となり、若者にとっても未来を切り拓くための養分になる。

実存主義の立場をとったドイツの哲学者、カール・ヤスパース（一八八三〜一九六九年）は、紀元前八〇〇〜紀元前二〇〇年の期間を「枢軸時代」と名づけた。ヤスパースの世界観は、人類は一つの起源、一つの目標をもつ、という信念からつくり上げられていたが、この「枢軸時代」には、孔子や老子、ブッダ、ゾロアスター、ホメロス、プラトンなどの偉大な人物が各地域で輩出し、世界に新たな知をもたらした。

ばらばらに存在したように見える思想家同士にそうしたつながりがあることを知るだけで、歴史に対する見方には、大きな変化が生まれることだろう。これこそが、教養の力だ。

アメリカでは大学に入学後、リベラルアーツ（一般教養）を徹底して学ぶが、それは当然、専門以外の教養が重要だ、という認識があるからである。

アメリカの大学の特徴は、自らの専攻をある程度、自由に変更できる点にあるが、それはもちろん、大学のカリキュラムが、リベラルアーツを重視していることに関係している。専門科目との比率で見たときに必修科目の数が多いため、途中で専攻を変更しても新規で学ぶべき専門科目が、それほど多くなくてすむからだ。

トップスクールの大学ともなれば、入学時の専攻を変更する学生の比率は、過半数を超えるともいわれる。たとえその学生が最終的にエンジニアを専攻科目で選んだとしても、あるいは四年制大学を終えて医科大学に進むことになっても、彼には哲学や古典文学などを幅広く学ぶ機会がある。アメリカの大学においてウィリアム・シェークスピアは、英文学専攻の独占物ではない。

「就職活動」というシステムのおかしさ

一方で日本の場合、入学時の専攻を変更することはほとんどない。医師になりたい学生は、大学入学の時点で医学部に入る。最初から専攻を決めてしまうので、日本の場合は残念ながら、医師のようなプロフェッショナルになればなるほど、視野が狭くなるシステムになっている。彼らはどれほどトルストイの『戦争と平和』を読むような機会をもっていただろうか。

もちろん海外の作品だけではなく、自身の文化である日本文化にも、数多の人の関心を惹きつける伝説や物語があることを私は知っている。根付の収集家としても、小さな一つひとつの根付がいかに壮大な物語をもっているのか、ということを誰より雄弁に語ることができる。小さな細工物に秘められた独創性や機能性、テーマや来歴、触り心地……。日本は世界のどこにもない、素晴らしい文化を有しているのだ。

しかし、そうした一般教養を、現在の日本の大学システムのなかで学生が学ぶことは、きわめて難しい。

大学四年生になる直前の三月（二〇一八年卒業の場合）に解禁される「就職活動」（試験・面接は六月から）という独特のシステムをもつ日本にとって、一般教養を学ぶことにフラストレーションがあるのは事実だろう。その一般教養は、大学卒業後に就職する企業が直接的に求めるスキルではないからである。しかし、それは「就職活動」というシステム自体がおかしいのであって、だから一般教養を学ぶ必要がない、という結論になるのは本末転倒だ。

おそらく日本人にもジレンマがあるのだろう。二〇一六年六月八日、文部科学省が各国立大学法人に対して「社会に求められる人材」を育てるため、「特に教員養成系学部・大学院、人文社会科学系学部・大学院については、十八歳人口の減少や人材需要、教育研究水準の確保、国立大学としての役割等を踏まえた組織見直し計画を策定し、組織の廃止や社会的要請の高い分野への転換」を求めたことが大きな波紋を呼んだのは、その証左ではないだろうか。

英語に"mind stretching"という表現がある。これは「知性を広げる」という意味だ。専門以外の本を意識して数多く読まなければ、知性を広げることはできない。そもそも勉強というものは、なにも大学で終わるものではない。「生涯学習」という言葉があるように、それは自らの一生涯をかけて行なうべきものである。

全仕事の約半数が自動化される時代

生涯学習が注目される理由の一つとして、これからは一つの職にとどまることがますます難しくなってくる、という時代背景がある。現在、私が「働き方」のキーワードであると思っているのは、「シリアル・ジョブズ」(serial jobs)だ。これは一生を一つの仕事に捧げるのではなく、たとえば最初の三分の一は企業に勤め、次の三分の一は公務員として政府のために働き、最後の三分の一は教師として教育機関に勤める、というような働き方のことである。アメリカの転職回数は、勤続年数から単純計算すると約九回にのぼる。これは日本の三倍程度の数字だが、日本人は海外も含め、もっとほかの企業や仕事に移ることを考えるべきだろう。

そもそも、職業のトレンドは移り変わるものだ。アメリカを例にあげよう。一八七〇年代には、アメリカの労働人口における七〇～八〇パーセントの人が従事していたのは、農業であった。しかしいま、アメリカの農業従事者は、労働人口約一億六〇〇〇万人のうち、二パーセント未満である。運がよかったのは、農業が衰退していくと同時に製造業が力をつけ、アメリカ経済を下支えする雇用を生み出したことだ。

製造業は、一九七三年にアメリカのGDPの二二パーセントを生み出したが、近年ではその割合は一〇パーセント前後にまで下がった。ならば、その次の産業であるサービス業は、これまでの時代で農業や製造業が担ってきたような雇用を提供することができるのだろうか。

さらにはテクノロジーが進化することで、それまで人間によって行なわれてきた仕事を遂行できる機械が登場するようになった。その機械を操作するためのプログラムも進化を続けた。やがて企業経営者は、「未来の工場」がどんなものであるか、ということを簡単に想像できるようになった。そこで必要とされる人間は、計器類の動きを確認する一人だけで十分だ。

しかし、自動化は全体的な職の供給を減らしているが、その一方で労働の供給は増加している。街には職をなくした人が溢れ、必死に仕事を探している。かつて景気には山と谷があり、その循環のなかで雇用も増減を繰り返してきたが、自動化とＩＴ化が、景気と雇用の関係を本質的に変化させてしまった。

この問題を一九九〇年代半ばに『大失業時代』（松浦雅之訳、ＴＢＳブリタニカ）でいち早く取り上げたのは、マサチューセッツ州にあるタフツ大学などで教鞭を執ったジェレミー・リフキンである。

いまや３Ｄプリンタの登場により、職人芸にまで達する熟練工の仕事すら、代替することが可能になった。専門スキルを有しているプロフェッショナルすら、その波に抗《あらが》うことはできない。オックスフォード大学の研究によれば、これから二十年間のあいだに、現在の世の中にある仕事の四七パーセントが自動化されてしまうという。

そうした時代のなかで、これから一つの職にとどまるリスクが高まるのは間違いない。日本ではいまだ、一つの会社で働くことを美徳とする傾向があるのは、私も知っている。しかし、たとえばトヨタで働いている人が、日産に移ってはいけない理由があるのだろうか。

アメリカでは企業が競合他社から人材をリクルートすることは、日常茶飯事である。IBMは競合他社のサン・マイクロシステムズやヒューレット・パッカード、デルがもっている才能をつねに狙っている。当然ながらそこで新しく雇用された人には、既存の組織にはなかった新鮮なアイデアを提供することが期待されている。

もっと簡単に起業ができる社会に

自動化によって職が消えていくことは、もう一つ、大切なことを私たちに示唆している。これからますます社会では、起業の重要性が高まっていく、ということだ。なぜなら起業はそれまでに存在しなかった、新しい雇用を生み出す可能性をもたらすからである。

現在でも、将来性のある新しい技術は多数、存在する。たとえばそれはＩｏＴ、先進的ロボティクス、自動走行する自動車、次世代の遺伝子技術、再生可能エネルギーなどだ。こうした技術をうまく組み合わせることができれば、雇用にも巨大なインパクトを生み出すことができるかもしれない。

国家としても、そこで新たな雇用を生み出すためには、若者が起業に関心を抱くように仕向け、それを支援すべきだろう。さらには、起業をより容易にするためのシステム変更も必要だ。

アメリカで起業しようと思えば、「およそ六回の手続き、五日間という時間、一人当たりＧＤＰの一・五パーセントの資金」が必要になるが、もっと簡単な国もある。たとえばニュージーランドは、世界でもっとも起業が簡単な国といわれるが、そこでは「一回の手続き、半日という時間、一人当たりＧＤＰの一パーセントにも満たない事業資金」が必要とされるだけだ。

繰り返しになるが、そうした起業が成功すれば、これまでになかった新しい職が生まれることになる。技術進歩は既存の職の一部を消滅させるが、同時に新しい職を生み出すのだ。それがお金の流れを変えれば、それまでの既得権者とは違う人たちに富をもたらすだろう。

教育機関が取り組むべきは、大学院ではなく大学レベルでも、起業家になるための訓練を受けられるようにすることだ。経営大学院もＭＢＡだけでなく、ＭＢＣ（Master of Business Creation：事業創造修士）という学位を準備すべきだろう。

一社に一生を捧げる生き方の終焉

周知のとおり、いまやアメリカ人の起業志向は格段に高まっている。かつてはアメリカ人にも大企業志向が存在した。就職先として人気を誇ったのは、ＩＢＭやゼネラル・エレクトリックなどだった。ところがコンサルティング会社のアクセンチュアの調査によれば、二〇一五年に卒業したアメリカの学生で、大企業で働きたいと答えたのはわずか、一五パーセントに満たなかったという。

私が教鞭を執るケロッグ経営大学院でも、ＭＢＡプログラムを履修したのちに大企業を志向する学生は珍しい。彼らはエンジェルと呼ばれるベンチャー・キャピタルや、クラウドファンディング（通常、インターネット経由で不特定多数の人々から資金調達を行なうこと）を使った資金調達を支援するクラウドファンディングサイトのキックスターターを活用し、自分自身のビジネスを立ち上げたいと考えている。

こうしたマインドを日本人がもつようになれば、何かが変わってくるだろう。まずは大企業に入ったとしても、そこでビジネスのコツを覚え、自分のアイデアを考案することができたなら、その後に起業しよう、という選択肢をとれるようにするべきだ。

重要なのはスタートアップのとき、その資金を銀行に頼ってはいけない、ということである。資金の返済だけにエネルギーを費やしてしまえば、その事業を継続しようというモチベーションにも影響し、時間をムダにしてしまう。スタートアップはキックスターター型の資金を活用すべきだが、アイデアが浮かんだとき、資金調達がアメリカのように簡単にできるようになれば、日本でも起業を志す若者は増えるだろう。

いまの日本がどれだけ新しい未来を描けるか、ということは、若者がどれだけ新鮮なビジョンをもてるか、ということにかかっている。

若者が新しいビジョンを描けなければ、既存のエリートと既存の企業が引きつづき、力を振るうことになる。そうした既存の会社に若者が入社すれば、忠誠心のある兵士になり、昇進で頭がいっぱいになってしまう。

もちろん、私は日本人の若者すべてが起業家精神をもつべきだ、とは思っていない。重要なことは、起業家精神をもつ「十分」な数の若者が存在することだ。そして現在はまだ、その絶対数が「十分」であるとはいえない。

そもそも、定年後にもかなりの時間が残される長寿社会のなかで、一つの会社に一生を捧げる生き方は、どこまで人を幸せにできるのだろうか。私が不思議に思うのは、日本人の男性には仕事が終わったあと、同僚と食事をしたり、お酒を飲みに行ったりする人がいまだにたくさんいることだ。そうすれば当然、その人が家族とすごすための時間は少なくなる。

一方で、日本人女性の結婚や、子供をもつことに対する価値観も、かつてに比べて変化していると聞く。結婚後も仕事を続けたいという女性が増えているが、それをサポートする制度が少ないために、晩婚化や少子化が進んでいる面もある。もちろん日本企業に女性幹部が増えれば、その企業はより人間らしい考え方ができるようになるだろう。

残念ながら私は、日本で女性が経営している大企業を一社も知らない。アメリカにも「ガラスの天井」があるが、日本のそれはさらに分厚いようだ。待機児童などの問題も含め、日本政府がいますぐに取り組むべきことは、山積している。

あらためて日本人の「幸福」を考える

あらためていま、幸福とは何だろうか、ということに対する答えを探すべき時期に、日本はさしかかっているのではないだろうか。

日本人の寿命は男性、女性ともに世界トップクラスである。しかし、そこまで長生きをする日本人は、どこまで幸せな生き方をしているのだろうか。フランスを代表する経済学者であるダニエル・コーエンは、「先進国の有する富は増加しているのに、どうして幸福になることは、ますます難しくなっているのだろうか」という問いを投げかけた（『経済と人類の1万年史から、21世紀世界を考える』林昌宏訳、作品社）。コーエンによれば、現在のフランス人の所得は一九五〇年代と比べて二倍になったが、幸福度は三分の一に減少したという。

幸福についての複数の研究によれば、ある一定のレベルまでは、年収が増えるとそれに比例して幸福度も増すことがわかっている。そのレベルというのは約七万五〇〇〇ドルだが、それを超えると、必ずしも収入と幸福度は比例しなくなる。

つまり、一定の収入を超えると、ほしいものを買うときに二の足を踏まなくなる。それ以下の収入のレベルでは、休暇に行くか、それをやめてクルマを買うかと悩むが、一定のレベルを超えると、悩まずに両方をものにすることができる、というだけのことだ。

もちろん所得の高さは幸福になる可能性を与えてくれるが、幸福そのものを与えるわけではない。事実、お金をもっていても、自分は不幸だと感じている億万長者は多い。

現在、幸福度を測定するときの尺度として例に出されるのが、ブータンが採用しているGNH（Gross National Happiness：国民総幸福）である。一九七二年にジグミ・シンゲ・ワンチュク国王は、GNHの指標の開発を指示した。急激なグローバル化によって、かつてのブータンでは当然とされた価値観を再構築し、システム化する必要に迫られたことが、その発想の根底にはあったという。

そこで物質面と精神面の双方が発展し、互いを高め合ったときに幸福が誕生する、とワンチュク国王は幸福を定義し、「持続可能な社会経済開発」「伝統文化の振興」「環境保護」「優れた統治力」の四つをGNHを支える柱であるとした。

その後、GNHは世の中から注目を浴び、イギリスやフランス、ブラジルなどの国々が、超GDP指標の開発に取り組んだ。国際連合も二〇一一年七月十九日、国連総会で「国連統計局に、ＧＤＰを超えて、暮らしの質を測る新しい経済統計の開発を要求する」という決議を採択し、二〇一二年六月、『包括的な豊かさに関する報告書（ＩＷＲ）２０１２』を発表した。

こうして自らの幸福度を調査したとき、国家のＧＤＰは増加しているが、国民の幸福度はどんどん下がっている、という結果が出てくれば、虚《むな》しさを覚えることだろう。しかし、いくら経済が発展しても、人々がつねに長時間労働に従事し、家族との時間を十分にとれなければ、その逆転は簡単に起こりうる。

「幸福度」は適切に測れるのか

とはいえ、幸福度を適切に測定することは難しい。私たちは経済成長が「幸福度」にもたらすものと、それが「生活の快適度」にもたらすものを区別すべきである。幸福は日々、一時間ごとですら変化する。職を失ったり、病気をしたりすれば幸福度は下がるだろうし、結婚したり、よい活動をしたりすれば、それは高まっていく。

はたして数多くの製品を生み出し、数多の人にそれを行き渡らせることを目的とすべきか、それとも個々人の幸福度を上げるべきなのか、あるいは社会の「生活の快適度」を高めるべきなのか……。こうした問いは、経済成長の目的は何か、ということを考える際の本質論だが、経済学者はこの本質論から目を背け、ＧＤＰ成長率という数字だけを見て、経済活動を論じようとしてきた。

個人の状態がどのようなものかを認識するためには、幸福度よりも、すぐには変化しない指標を計測すべきだろう。幸福度の指標が高くても、収入が低く、健康などに関する指標が低いことも起こりうる。私はつかの間の幸福度ではなく、食生活がきちんとしているか、適切な教育を受けられているか、安全な住宅に住んでいるか、など具体的に測定できる要素を重視したい。

ペンシルバニア大学ウォートン・スクールのデイビッド・リーブスタイン教授は「ベストカントリー」はどの国なのかを調べるため、一万六五〇〇人の世界中の市民にアンケートを実施した。教育、医療など六五の要素、さらにその要素が文化的影響力、ビジネスのやりやすさ、ＱＯＬ（quality of life：生活の質）、アントレプレナーシップ、冒険性などに細分化され、調査された。その結果、一位はドイツ、二位がカナダだったが、そこで日本は七位だった。

物質主義的でない幸福のあり方

経済学者たちが論じていることとは異なって、幸福と物質主義は決して連動しているわけではない。もちろん、物質主義的な消費者が一概に不幸であるわけではない。その一方で、物質主義的ではなくても、一生涯続くような幸福感を感じられる生き方もある。

第一は、アート、文化、宗教とかかわる生き方だ。いかなる社会でも、アート、文化、宗教に愛情を注ぐ人は存在するが、そうした人がいるからこそ、この世界はより豊かなものになる。そこでアートを楽しみ、その発展を支えたいと思う人は、アーティストよりもはるかに多い。彼らがいなければ、アーティストの創造性は世に出ることができない。アートを好み、それを愛《め》でる人たちは、アーティストと同じくらい世の中にとって必要な存在である。

第二は、他人を助けて世界をより善くする生き方だ。自分の知らない他者に対して真摯に接することができる人は、もっとも尊敬される種類の人たちである。彼らは力強い共感力をもって、困っている人たちを無償で助けようとする。もちろんそこで、自己満足や私利私欲が動機になっていることがあるかもしれないが、それによって支援された人が手にしたものの価値が減少することはない。

第三は、より簡素に生きることだ。人生を簡素に生きることについて社会に大きなインパクトを与えたのは、『スモール イズ ビューティフル』（小島慶三、酒井懋訳、講談社学術文庫）を著したドイツ生まれのイギリスの経済学者、エルンスト・フリードリッヒ・シューマッハーである。

シューマッハーは「大きいことがよいことだ」「成長は善である」といった経済学者の考え方を真っ向から否定した。簡素な生き方は、それまでよりも消費を減らし、高度な消費競争から「脱落」しようと説く。こうした考え方から数々の「シンプル化」の運動が生まれ、若者のあいだで流行した。いまだにそれは大きな潮流にはなっていないが、消費社会の対極にある「一つの受け皿」として、機能している。

そもそも、心理学的な考え方が今後のマーケティングにおける鍵になることは、第3章でも述べたとおりだ。あるいは個人が幸福を感じれば感じるほど、仕事のパフォーマンスが向上する、という研究もある。不透明な時代のなかで、あらためて幸福の本質を考えることは、仕事、生活、そして人生すべてにかかわる不可欠な行為であるといえるだろう。

おわりに　平和とマーケティング――広島で考えたこと

二〇一六年十月十四日、私は広島で開かれた「２０１６ 国際平和のための世界経済人会議」に出席した。この会議は、ビジネスと平和構築のあり方を多面的に議論し、核兵器のない平和な世界の実現に向けた効果的な発信と国際世論の喚起を図る、という目的をもち、そこで私は「平和とマーケティング」についての基調講演を行なった。

二〇一〇年、サウジアラビアを訪れたとき、私は現地の有力者に夕食に招かれた。その席に居合わせた少年に、こう尋ねられた。「マーケティングで平和を実現する方法を見つけてくださいませんか？」。

その少年は、私が長年研究してきた「ソーシャル・マーケティング」を、平和に対しても活用できないか、と願っていたのである。

人間の欲望は果てしなく、地球の資源を消費しつくす、ということにマーケティングが加担してきた部分は否めない。しかしマーケティングの本懐に立ち戻るなら、それは

「人々の利益とニーズに応える」ということであったはずだ。世の中にはさまざまな問題を抱える人が存在しているが、そうした人たちに解決法を提供するのが、マーケティングなのである。

多くの企業にとっては、自分たちの顧客とお互いにウィン-ウィンの関係を築くことこそ、もっとも望ましい状況だろう。あるいは本書でも述べてきたように、そうしたマーケティングの手法を貧困問題などにも「ソーシャル・マーケティング」として応用することができる。

その根源にあるのは、一言でいえば「愛」ではないか。一方で、平和にとっても愛が重要であるならば、マーケティングと平和のあいだには、つながりが存在するはずだ。

一九四五年八月六日、アメリカのエノラ・ゲイ号が人類に対して初の原爆を投下した広島で、あらためて私は、これまでアメリカは、平和に対してどのような貢献を行なったのか、ということを考えた。アメリカは、それ以前よりも安全な世界をもたらすべく行動してきた、という認識がある一方で、ベトナム、アフガニスタン、イラクでは、その認識が達成できたとは言い難い。紛争地域や発展途上国に対しても、アメリカは多くの援助を行なってきたが、その成果がどこまであったのか、という議論もあるだろう。

もちろん、世界に平和をもたらしたければ、「愛」や「寛容性」を教えることは大切だ。しかし、多くの宗教は、自ら以外の宗教を誤ったものである、と規定する。たしかにそれぞれの宗教は信徒に希望を与えるが、宗教間の相違を超えたところまで私たちの意識を高めなければ、対立が生じてしまう、という現実を知るべきだろう。

そもそも戦争や暴力はどのように起こるのか、ということをまず理解しなければ、平和構築の達成は絶対に不可能なのだ。

*

人類が誕生して以来、私たちは戦争を続けてきた。古くはアテネとスパルタのあいだで起こったペロポネソス戦争（紀元前四三一～紀元前四〇四年）から、ボヘミアのプロテスタントの反乱がきっかけで勃発し、神聖ローマ帝国を舞台に争われた三十年戦争（一六一八～一六四八年）、さらにはアメリカが南北に分かれて戦った南北戦争（一八六一～一八六五年）など、取り上げればきりがない。そうした戦争の多くでは、宗教的な要因が引き金となっている。

そうした歴史をもつ私たち人類のなかで、傑出した才能を有する人たちが、平和についてどのような考えをもっていたのか、ということを知るのは興味深い。

たとえば量子力学と並び、現代物理の基礎理論である相対性理論を生み出したアルベルト・アインシュタイン（一八七九〜一九五五年）は、なぜ人は戦争に行くのだろうか、という不合理を解明したいと願った。アインシュタインは第一次世界大戦に反対した数少ない著名人の一人であり、第一次世界大戦後にも、平和運動の中心人物となった。彼は、戦争は個人の利益を増やすためのもので、その個人の権力を拡大したがる支配層が引き起こす、という見解をもっていた。

一九三二年、アインシュタインは当時の国際連盟から、「誰でも好きな人と、現代文明でもっとも大切なことについて意見を交わしてほしい」と求められた。アインシュタインが選んだテーマは、「人間を戦争というくびきから解き放つことができるのか？」、意見交換をする相手に選ばれたのは、かのフロイトだった。彼は書簡でフロイトにこう問うている。「真摯な努力にもかかわらず、いまだに平和が訪れていません。とすれば、こう考えざるを得ません。

人間の心自体に問題があるのだ。人間の心のなかに、平和の努力に抗う種々の力が働いているのだ」。

手紙を受け取ったフロイトは、ウィーンから返事を書いた。そこでフロイトは、人間には元来、破壊し、殺害しようとする欲動がある、その欲動を戦争以外のものに転換することが重要だ、と述べている（『ひとはなぜ戦争をするのか』浅見昇吾訳、講談社学術文庫）。アインシュタイン同様、アメリカの哲学者、心理学者であるウィリアム・ジェームズ（一八四二〜一九一〇年）も平和主義者であった。ジェームズはジョン・デューイとともに、奉仕活動（サービス）と経験学習（ラーニング）の統合を提唱した。

そうした発想に基づいてアメリカで実施されているのが、一九六一年、ジョン・F・ケネディによって設立された平和部隊だ。これは若者を環境や社会正義に尽くすように「徴兵」するシステムともいえる。一九六七年、「サービス・ラーニング」という言葉が生まれ、平和部隊は隊員を開発途上国に派遣し、支援を行なうことを主眼としている。かつてケインズは、経済が悪化したときにそれを放置するのではなく、紙幣を印刷し、必要なインフラなどを構築する重要性を説いたが、平和部隊はケインズの発想にも通ずるものがある。

いまやどの国も平和部隊を設立すべきであり、そのメンバーは世界中で使命を遂行しなければならない。さらにはどの宗教も、どの企業も平和プログラムをつくり、その貢献をシェアすべきではないか。

＊

つまり、平和を希求するためには、単純に平和を願うだけではなく、ある種のスキルセットが必要になる。国際紛争を未然に防ぐ予防外交はその一つだが、これは医療に譬《たと》えれば、病気になった患者に時間を費やすよりも、そもそも病気を発症させないよう、予防に時間を費やしたほうがよい、ということだ。

そうした意味で世界がいま求めるべきは、「ピースメーカー」とも称されたタイのプミポン国王（一九二七〜二〇一六年）のような「チーフ・ピースメイカー」かもしれない。あるいは各都市にも、「ピース・オフィサー」を用意すべきだ。残念ながら現在の国際連合は、平和構築という面ではうまく機能していないように見える。もしある国が世界の平和を乱したら、平和構築の道具として経済制裁を使う、何かをボイコットする、犠牲者のグループがあれば、その怒りを軽減すべく金銭的補償を用意する……などあらゆる手段を考えなければ、戦争への可能性は高まってしまうだろう。

そもそも、対立とは何だろうか。対立にうまく対処できなければ状況は悪化するが、一方で、そこには心理学的な認識の問題も存在している。私たちは、つねにバイアスのかかったフィルターを通して世の中を見ているからだ。そこでは目前の現実以前に、なにかしらの強い感情が大きな影響を与えている。

対立状況のなかで、非常に有効なモデルを開発したのが、『ハーバード流交渉術』（金山宣夫、浅井和子訳、三笠書房）を書いたロジャー・フィッシャーとウィリアム・ユーリーである。その議論のポイントは、どちらかが勝者になるのではなく、双方とも勝者である、と最後に思うように対立を処理することだ。

もちろんそのためには、対立する相手との関係を改善しよう、という意思がなければならない。双方のあいだに存在する問題を横に置いて、まず人間としての関係をよくしよう、と試みるべきなのだ。とにかく相手の話に耳を傾け、事実を探し出して、一緒に意見を探る。左右に分かれて腰を下ろし、公的な議論をする。

そこで、お互いに何を求めているのか、どこが気にくわないのか、それを吐き出すことが重要なのだ。そのなかで何らかのユーモアが出てくれば、悪感情のすべてとはいわないまでも、それをある程度、軽減することができるだろう。当然ながら、相手のグループのなかでも怒っている人とは話し合いをすることが難しい。高潔な人を見つけることが必要だ。そうすれば、共通の価値観を探し出せる可能性はさらに高くなる。

＊

ほかにも、平和を求める方法論は数多く存在する。興味深いのは、古代アテネで紀元前四一一年に初演された、アリストパネスの喜劇である『女の平和』だ。ペロポネソス戦争を終結させようとする女性リューシストラテーが、両陣営の女性に呼び掛けて、戦争に明け暮れる男たちに戦争終結を要求する喜劇である。

これを現代にまで敷衍《ふえん》して考えてみよう。おそらく世界がますます女性に敬意を払い、以前にも増して女性がビジネス界に入り、「ガラスの天井」がなくなれば、世の中はかなり平和になる、と私は確信している。そのために必要となるのは、先進国における女性の社会進出のための施策はもちろん、十分な教育を受けていない発展途上国の女性に対するアプローチだ。

あるいは二〇一〇年六月、マイクロソフト創業者のビル・ゲイツ夫妻と、バークシャー・ハサウェイ創業者のウォーレン・バフェットが始めた寄付啓蒙活動「ギビング・プレッジ」にも可能性を感じる。これは資産家が生前ないし死後に、その資産の半分以上を寄付するという「プレッジ（誓約）」を宣言することで、富裕層の寄付行為を促すものだ。より多くの富豪が「ギビング・プレッジ」に加われば、社会貢献活動に対する関心はさらに高まり、より平和な世界づくりに向けた力となるだろう。

さらには、平和を愛するアーティストを総動員し、平和な世界とはどのようなものか、というイメージを特徴づけさせてもよい。二〇一六年のノーベル文学賞はボブ・ディランに与えられたが、かの有名な『風に吹かれて』の歌詞、'how many deaths will it take 'till he knows That too many people have died?'（どれだけ多くの死者が出れば、あまりにも多くの人々が死んでしまったと気がつくのか）をはじめ、彼は平和に関するメッセージを数多く歌っている。歌手だけでなく画家、作家、ビデオアーティストなどの力を借りて、心を突き動かすような物語を生み出すことができる。

平和に対していま、平和を希求するだけではなく、私たちがすぐにできる方法論は星の数ほどあることを、何度でも、私は強調しておきたい。

解説　桁外れなコトラーの「知」の容量

立命館大学大学院経営管理研究科教授　鳥山正博

薫陶を受ける機会に浴した留学時代

筆者はノースウェスタン大学ケロッグ経営大学院に留学していたとき（一九八六～一九八八年）、フィリップ・コトラーの薫陶《くんとう》を受ける機会に浴した。非営利組織のマーケティングのクラスのグループプロジェクトでは、経営大学院のマーケティングについてレポートを書いた記憶があるが、三十年後に自らが経営大学院の副研究科長として、日本の経営大学院のマーケティングで苦労することになるとは、当時は知る由《よし》もなかった。

さらには、このグループの他のメンバーに誘われてアドミッション・コミティ（入学選考委員会）に加わることになり、入学選考にかかわる機会を得た。ちなみにケロッグのアドミッション・コミティは、学生が入学選考に深くかかわるという非常にユニークな形態で、これによって点数による足切りをせずとも全員の適性を読み込むことができるようになり、ケロッグの校風に合った学生が自然と選ばれることで校風が維持・強化され、学生のケロッグへのロイヤルティが高まるようになっている。

在学中には日本人留学生を中心に、ジャパン・アド（Advertisement：宣伝）・ナイトというイベントを企画し、コトラー教授にコメンテーターをしてもらったのも、よい思い出である。

当時、コトラーは国際マーケティングと非営利組織のマーケティングを出講していたが、なぜそうした周辺的な科目のみを教えているのかが、私には謎であった。彼の生涯の業績を見ると、五七の著作のうち過半を占めるのが新分野のマーケティングだが、新科目を教え、本を書くことで集中的に新分野を自家薬籠中《やくろうちゅう》のものとし、「これもマーケティング」「あれもマーケティング」として世に問い、その結果、「周辺分野の拡大」を続けるというリーダー戦略の定石を行なっていたのである。

そのあたりの戦略も含め、まずは本書の理解の背景となる鳥瞰図を描いておきたい。

マーケティングの骨格を生み出した人物

コトラーの最大の業績とは、何だろうか。多くの「大家」といわれる学者には、学術的な代表的理論などが業績の中核にあるが、コトラーの場合、世界で圧倒的に売れている「教科書」によるマーケティングの標準を生み出したこと、さらにはマーケティングの幅を、公的機関、選挙、観光、プロフェッショナルサービスに至るまで広げたことがあげられる。

現在、世界のマーケティング教育はアメリカのMBA流一色になっており、その世界標準ともいえる教科書が、コトラーの『マーケティング・マネジメント』(現在は第十五版となり、ケビン・レーン・ケラーとの共著)である。本文にもあるとおり、コトラーはもともと経済学の出身で、ミルトン・フリードマン、ポール・サミュエルソン、ロバート・ソローという三人のノーベル賞経済学者に師事しているが、マーケティングという、より実務的、より多元的な世界に踏み出し、その分野を確立してきた。

以来、コトラーは自身がナンバーワンブランドであるところの「マーケティング」を、たんなる実務者のノウハウからマネジメント体系にまで拡大し、あらゆる分野へと適用し、領域を広げてきたのだ。

マーケティングの歴史を繙《ひもと》けば、一九一〇年代のヘンリー・フォードによる大量生産に、その原点は見出せる。もちろん、それ以前のいかなる文化にも「商業」は存在していたが、マーケティングという概念は存在していなかった。生産のイノベーションのあとを追ってメディアを用いたマス宣伝と、チェーンストアによるマス流通の時代が生まれ、さらに一九四〇年代にはテレビという強力なメディアが誕生し、マスマーケティングが大爆発した時代に、コトラーはデビューしている。

そうした時代にあって、コトラーは実務家中心のマーケティングという分野を、経済学、心理学、組織行動論、社会学、数学などを用いて社会科学として基礎づけ、体系化した。供給が需要を上回り、どうしたら売れるのかが主要課題となった時代にもっとも求められたのがマーケティングであり、その骨格を提供したともいえるだろう。

いうなれば、マーケティング1・0の時代から、まさにマーケティング2・0の時代を拓いた中心人物が、コトラーにほかならない。

膨大な領域を一冊で概観できる書

コトラーは4P（プロダクト、プライス、プレイス、プロモーション）と、STP（セグメンテーション、ターゲティング、ポジショニング）で有名だが、じつは、それらの概念を発明したわけではない。本文にもあるとおり、4Pはもとはといえば、ジェローム・

マッカーシーが提唱したもので、セグメンテーションやポジショニングも議論としてはバラバラに存在していたものを、フレームワークとしてコトラーが統合的に提示して広めたのだ。

さらにコトラーは、マーケティングが専門のスキルセットではなく企業のマネジメントと深くかかわっていることも、統合的に示した。

時代がくだって二十一世紀に入り、やれマーケティングは社内に対しても行なわねばならない、やれ顧客や流通チャネルとの関係を重視せねばならない、やれ社会的責任も重要となった、という時代には、従来のマーケティングと併せてホリスティック・マーケティングを提唱した。コトラーはどの時代にあっても、みごとな統合者なのである。

守備範囲の広さと博識とわかりやすさという意味では、ピーター・ドラッカーとコトラーは共通点が多く、本人たちも交流があり、影響を与え合っていたようだが、ドラッカーはジャーナリストであり哲学者なので、基本スタイルが箴言であるのに対し、アカデミシャンであるコトラーは、より分析的であり、体系的である。

ドラッカーもコトラーも多作だが、ドラッカーがほぼ単著であるのに対し、コトラーは五七作のうち、共著が過半を占める。非営利組織、プロフェッショナルサービス、学校、教会、美術館、人（有名人）、医療機関、国家、地域への投資の誘致、観光、寄付、環境……など、あらゆる分野でマーケティングが有効であることを、次々と共著本を出すことで、コトラーは示してきた。

共著者は各分野のエキスパートで、コトラーとの共著ならば部数も出るし、名声も上がる。一方でコトラーは、執筆をすることで短期間にその分野についての知識を体系的に獲得できる。

マーケティングの範囲はほぼ、コトラーの守備範囲とともに拡大し、マーケティングの知はコトラーの頭脳と書籍に蓄積されてきた、ともいえるだろう。

そして現在のコトラーの領域拡張は、次なるフェーズに入っている、言い換えれば、マーケティングの領域拡張を、コトラーの領域拡張が超えはじめた、ということだ。つまり、これまでは「これもマーケティング」「あれもマーケティング」とマーケティングの範囲を拡大してきたが、それがまったく新しいフェーズに入ったのではないか、と思われるのである。

たとえば、本書の第5章でも言及されている都市については、マーケティングの考え方をそのまま適用することが可能だ。市長は多国籍企業に対してSTP、4Pを行なうべし、という「これもマーケティング」「あれもマーケティング」の一環と理解できる。

ところが第6章の資本主義、さらには「おわりに」の平和については、これはマーケティングの概念をはるかに超えている。コトラーは、資本主義についても、平和についても幅広く、世に存在する議論を貪欲に学び（八十五歳にして！）、それを整理し、統合的に語ろうとするのだが、繰り返しになるが、その範囲はもはや「マーケティング」を超越しているのだ。

本書の最大の価値は、そうして膨大な領域をカバーするコトラーをたった一冊で概観できるところにある。とりわけマーケティング4・0、都市、資本主義、そして日本へのメッセージが本書の核となっているので、あらためて監訳者としての補足を行ない、コメントしてみたい。

マーケティング4・0をどうとらえるか

まず、マーケティング4・0について。「ワールド・マーケティング・サミット二〇一五」（東京で開催）において、「マーケティング4・0」という言葉がお披露目された。そのときの印象的な言葉として「自己実現」という言葉があったので、マーケティング1・0・

製品中心、マーケティング2・0：消費者志向、マーケティング3・0：価値主導、マーケティング4・0：自己実現、と単純化する向きがある。

しかし、どうもそういう整理をすると、コトラーが何を語っているのかが、わからなくなる。「自己実現」というレッテルが、マーケティング4・0においてコトラーの考えを見えにくくしているところがあり、注意が必要だろう。

マーケティング1・0からマーケティング2・0への変化の背景には、世の中の供給能力が上がり、それが需要を超える時代になって、いかに優れた製品を生み出すか、ということよりも、いかに消費者のニーズをとらえ、満たすかということが求められるようになった、という状況がある。これは時代の変化に伴うマーケティングのフレームワークの自明の変化である。

ただし留意すべきは、マーケティング2・0の時代にあっても、マーケティング1・0の流儀がなくなるわけではなく、「安くて優れた製品」で生き残りつづける企業も存在する、ということだ。全体として見れば、利益の源泉はそこでは細っていき、価値が違うところに移ろっていく、ということである。

マーケティング2・0からマーケティング3・0についても、同じような変化と考えてよいだろう。新しい時代にあっては企業の社会的責任を自覚し、人間中心の「価値主導」のマーケティングフレームワークに変わらなければ時代に取り残される、という説明には納得がいく。

しかし、マーケティング3・0が提唱されたのが二〇一〇年ごろなので、わずか五年でマーケティング3・0が時代後れになり、次はマーケティング4・0だ、というのは、どうも合点がいかない。それについてはどう考えるべきだろうか。

まず、マーケティング4・0については、二〇一六年十二月にアメリカで出版されたコトラーの“Marketing 4.0”を読むと、たしかに印象的なキーワードとしては「自己実現」という言葉が出てくるが、それはほぼ全面的に、デジタルマーケティングの話である。

マーケティング3・0の源泉には、インターネットの発達による情報の非対称性の解消が力を消費者にもたらし、企業はもはや何も隠せなくなった、ということがある。それゆえ、従来以上に正しいことを行なっている点が重要になったので、マーケティング3・0が提唱されたのだ。

同じICTの発達が、もう一方ではソーシャルメディアやシェアリングエコノミーを生み、IoTとAIによって次なるイノベーションを起こそうとしている。この大きなうねりを「デジタル」として切り出しているのが、マーケティング4・0である、ととらえればわかりやすい。

そうして見るとマーケティング4・0も、マーケティング3・0と並んでマーケティング2・0の「次」の時代のフレームであって、マーケティング3・0の次のステップではない、と考えるべきだというのが、筆者の認識である。マーケティング3・0とマーケティング4・0は同じタイミングで起こっているのだ。どちらもICTの進歩が生み出した違う側面に焦点を当てて語っている、と考えたほうが、理解しやすいだろう。

ちなみに、コトラーが本文で述べている「Awareness」（気づき）、「Appeal」（魅了）、「Ask」（尋ね・求め）、「Act」（行動＝購買）、「Advocacy」（推奨表明）の「5A」は、秋山隆平氏（電通顧問）が提唱したAISAS（Attention, Interest, Search, Action, Share）に相当する。また、「5A」の前半段階ほど従来型マーケティングで、後半段階ほどデジタルマーケティングである。

都市の経営とマーケティングの類似点

次に、第5章で言及されている都市について。この章では企業のマーケティングが消費者を自社商品に惹きつけることをめざすように、都市は企業を惹きつけることをめざすべきだと語っていて、マーケティング的な考え方をあらゆる問題へ拡大するという、これまでの範囲拡大路線の直接的な延長線上にある。フレームワークはそのまま、企業を都市、購入させるべき消費者を誘致すべき企業に置き換えて考えればよいので、わかりやすい。ユーザーニーズが何よりも大事であり、ＳＴＰという骨格を決めて、あとは施策ミックスを決めて実行せよというのは、そのとおりだろう。

ただし、市長や知事は企業が求めるものを直接的には提供しえないところが、従来のマーケティングとの違いである。なぜなら、彼らがコントロールできることは、場とルールを設定することだけであって、その環境下でさまざまな主体が自らの意思で活動し、相互作用があったあとに結果としてできあがったエコシステム（生態系）が、いわば通常の「マーケティング施策」レベルだからだ。

ところが面白いことに、近年、通常の商品やサービスのマーケティングの世界も、必ずしも直接コントロールできないソーシャルメディアのような要素を扱わねばならなくなってきた。マーケティングの世界でも直接コントロールできない要素をいかに間接的に動かし、エコシステムを形成していくかにシフトしつつあるということは、都市の経営も、通常の財やサービスのマーケティングも本質的には似てきている、と解釈できる。

日本の読者がこの章から学ぶべき最大の点は、それでも都市は企業のように他の都市と競争しているということと、直接コントロールできないことも場やルールを整備することで間接的にコントロールできるので、意思をもって場づくりとルールづくりに取り組むべき、ということである。

もう一点、解説を加えるなら、国のあいだの競争も昔と同様にあることはあるが、じつは国民国家以上に都市こそがそのエンジンである、というのがコトラーの強調点である。そして都市は主体性をもち、狙いを定めて、どのような多国籍企業を狙うのか、企業のなかでどのように自分たちは位置づけられていて、どう魅力を感じてもらえるのかを思考しなければならない、すなわちＳＴＰを考えなければならない、ということだ。

さらに日本ではこれまで長いあいだ、「大企業と中小企業」という問題の立て方に疑問を差し挟まなかったように思う。日本人は多国籍企業でない大企業（たとえばＪＡＬ、三菱東京ＵＦＪ銀行、日本生命など）もそうとうな力をもっているように思っているが、世界には多国籍企業こそが圧倒的な力を有している、という認識がある、ということにあらためて気づかされる。

企業が成長し、巨大化すると多国籍企業化するのが、グローバル化した経済の条理なのだ。これまでのように「多国籍企業」でなくて「大企業」、「都市」でなくて「国」という目でしか世界をとらえられなければ、問題の本質を見誤るかもしれない。

これまでの領域を超えた資本主義の議論

続いて、第6章で取り上げられている資本主義について。この章では、資本主義がもつ一四の欠点をあげたうえで、いくつかの処方箋を示している。

1. 根強く残る貧困の解決策をまったく、またはほとんど示せない。
2. 所得と資産の不平等を拡大させる。
3. 何十億人もの労働者に生活賃金を支払うことができない。
4. 自動化の進展に直面し、人間の仕事を確保できなさそうである。
5. 企業活動による社会的費用の一部しか企業に負担させない。
6. 規制がなければ環境および天然資源を搾取する。
7. 景気循環を生み出し、経済を不安定にする。

8．個人主義と利己心を重視するため、共同体と共有資源を犠牲にする。
9．消費者に多額の借金を促し、結果的に製造業主導型経済から金融主導型経済へとシフトさせる。
10．政治家と企業を一致団結させ、彼らの利益のために大多数の市民の経済的利益を犠牲にする。
11．長期的な投資計画よりも短期的な利益計画にくみする。
12．製品の品質や安全性、広告の真実性、反競争的な行為に対する規制を必要とする。
13．ＧＤＰの成長だけを重視しがちになる。
14．市場の方程式に社会的価値と幸福を持ち込む必要性がある。

処方箋としては、最低賃金、タックスヘイブン対策、グローバル資産課税など、よく俎《そ》上《じょう》にのぼる議論が検討されたうえで、「コンシャス・キャピタリズム」（コトラー自身の説明では「責任ある資本主義」）へとたどり着く。その要点は、企業の目的、ステークホルダー、リーダーシップ、企業文化についてだが、詳細は本文を参照されたい。

この章の認識のベースともいえる『資本主義に希望はある』のアメリカでの発売日は

二〇一五年四月十五日で、トマ・ピケティの『21世紀の資本』の二〇一四年四月十五日からちょうど一年後である。コトラーもピケティに刺激され、あらためて資本主義について考えてみたところ、深い問題の存在に気づいてそれを論じた、ということだと思われる。

内容はといえば、ある意味ではお家芸のマーケティングの領域拡張を超えた世界に入りつつある、といえる。マーケティングは本来、意思決定主体（企業など）を想定し、その主体がいかに、ある目標のもとに資源配分を最適化していくかという構造をもっているが、その構造をもつかぎり、論じきれないものが資本主義であるからだ。資本主義下ではあらゆる意思決定主体にとって、マーケティングは重要である、つまり、マーケティングを考えるための前提条件が資本主義体制である、という一方的な関係なのだ。

この章で、コトラーが最後に資本主義の矛盾解消の解としてたどり着いたのは「コンシャス・キャピタリズム」だが、そもそもこれが解になっているのかどうかについては、意見の分かれるところだろう。

コトラーがいいたいのは、利益だけを追い求めることが利益を最大化することにはつながらない、逆にすべてのステークホルダーとの信頼を最大化しようとすると、結果的にその企業の収益も上がり、ステークホルダー全体の満足も上がり、長期的にも望ましいということだ、と筆者は理解したが、「コンシャス・キャピタリズム」とマーケティングの関係については、はっきりとは語られていない。その行間を勝手に読み込んでみたいと思う。まず、マーケティングは経済的な変数だけではなく、コミュニケーション、認知、価値観などの変数をトータルに、プラグマティック（実践的）に見る学問である。資本主義を経済的な視点からのみ語っていた「経済学」を、もっと多面的に語る「マーケティング」の流儀を持ち込むことで解決できる、経済変数以外も変数にすればよい、とコトラーは直観したのではないか。

実際のモノ自体よりも、それにどう価値を感じるかのほうが重要であるのがマーケティングなら、実際の経済格差よりも、それにどう不満をもたせないかということが（そうは明言していないが）マーケティングの役割かもしれない。手段としてのマーケティングにより、さまざまなイデオロギーやら、考え方やら、解決策やら、運動やらを人々に採用させることも可能なので、部分的にはマーケティングの流儀も役立つと思われる。

日本に対する期待と厳しい叱咤激励

そして最後に、日本について。第7章のおもだった主張をレビューしておこう。

「コンシャス・キャピタリズム」は日本の資本主義と相通ずるものがあり、アメリカ企業がシェアホルダー志向なら、日本企業はステークホルダー志向であるといえる。また、アメリカ企業の経営者報酬が高くなりすぎたのに日本ではまだそうなってはいないこと、所得格差の拡大もアメリカほどひどくはないこと、日本に長寿企業が多いこと、経営者の従業員に対する責任感の強さ、安定など、日本型資本主義の長所があげられる。

ところが、意思決定の遅さ、雇用形態の硬直性、リスクをとらない企業風土が、この時代にあっては日本の成長を阻害しているという的を射た指摘が続く。かつてプラスに作用した安定志向が、現在ではマイナスに作用しているのだ。創造性についても、日本人が創造的でないのではなく、教育が阻害しているという。今後、重点的に伸ばすべき産業分野についても、自動車業界の新時代への適応、ロボティクス、センサー、そして高齢化対応領域、ファッション・デザイン、観光など、幅広く目配りをしている。そして最後に、マーケティングが最大の処方箋であることが述べられる。

筆者の印象は、日本のことを過去についても、現在についても、非常に的確にとらえている、というものである。そのなかで何点か補足しておきたい。

「いまだに日本には、マーケティングとは『十五秒の効果的なテレビコマーシャルをつくること』と見なす企業が多いように思える」という一文は、テレビ広告中心の広告代理店が成功しすぎて、広告主のマーケティング能力の向上が阻害されてきたことをよく理解している発言だ。

この現象と併せて、メーカー側が「よいものさえつくれば売れる」という信念から離れられない現象について、「日本にはまだマーケティング1・0からマーケティング2・0に移行できていない企業が数多くある」と、ずいぶん前からコトラーは話していた記憶がある。いまだにそこから進歩していない、という認識があらためて示された。

「経済産業省はそうした成長産業を精査し、自国がリーダーシップをとることのできるチャンスがどこにあるのかを考えるべきだ」という一文には、往年の「『株式会社日本』の司令塔＝通産省」論が出たか、と一瞬驚いたが、よく考えてみると、コトラーの思考回路では、主体を想定してマーケティング戦略を立てる、という自然な発想のようだ。

もう一つ、補足が必要であると感じたのは、CMO（チーフ・マーケティング・オフィサー）のくだりである。「さらに多くの会社がCMOを任命し、戦略を練らなければならない」というところだ。たしかに日本企業でCMOを置くことを検討されるケースが、ここにきて急速に増えた印象があるが、これは、これまでのテレビCM中心のアナログのマーケティングとデジタルマーケティングがどうにも嚙み合わないので、組織的な万能薬としてCMOがクローズアップされているのに対し、コトラーはもっと当たり前の、骨太なことをいっている。

コトラーは、CMOという真にマーケティング全体（商品企画から「営業」まで、デジタルもアナログも）の責任と権限をもつ人はいるのですか、と尋ねているのだ。そういうCMOの存在を前提に、その人は時間の過半を他の部門の人とすごすべきである、と述べているのである。同じCMOという言葉が違う文脈で語られているので、注意が必要だ。

そして、この章の締めのパラグラフの冒頭にある「逆説的に思えるかもしれないが、『マーケティングのことしか考えていないマーケティングは、必ず失敗する』のだ」という一文は、なかなかの名言ではないかと思う。

時代のイシューに先回りする力に学べ

筆者が監訳者として本書に向き合って、あらためて感じたのは、繰り返しになるが、コトラーの変化である。長年、マーケティングの領域拡張がコトラーの守備範囲の拡張と軌を一にしていたが、本書の資本主義や平和についての議論でもわかるとおり、明らかにマーケティングの範囲を超えて思索を深め、発言するようになっている。

資本主義については「コンシャス・キャピタリズム」に傾いているようだが、経済学の根っこである「見えざる手」に対する根本的疑義を挟もうとしているようにも見える。かつて自分が捨てた経済学の領域で、あらためて発言をしようとするのも、大きな変化だろう。

さらに第6章、あるいはアメリカのリベラル系インターネット新聞「ハフィントン・ポスト」(アメリカ版 二〇一七年二月十九日)では‵The "Terrorist" in the White House〟(ホワイトハウスのなかの「テロリスト」)という記事で舌鋒鋭いトランプ批判をしており、これには度肝を抜かれた。

トランプ大統領はわずか就任一カ月にして、報道機関を攻撃し、司法を攻撃し、選挙制度を攻撃し、言論の自由を攻撃し、情報機関を攻撃し、移民を攻撃し、公民権を攻撃し、女性の権利を攻撃し、公教育を攻撃し、芸術を攻撃し、環境規制を攻撃し、倫理を攻撃し、公用地を攻撃し、自由市場を攻撃し、労働組合を攻撃し、同盟国を攻撃し、民主主義を攻撃している、という記事である。この旗幟《きし》鮮明な政治的意思の表明も、これまでのコトラーには見られなかったことだ。

八十五歳にしてなお、進化しつづけているコトラーから、これからも目が離せない。

最後に、筆者が感じてきたコトラーの素晴らしさをまとめることで、結びとしよう。

まず能力面では、全体像をとらえる力、並外れて高い理解力と概念的統合能力、八十五歳にしてなお新しいものを学ぶ能力である。さまざまな議論を取り込み、位置づける力は衰えを知らない。「知」の容量が桁外れに大きい、と表現してもよいかもしれない。

そして、円満な人格と新しいものに対するオープンネスである。コトラーと話をすると、つねに前向きで、好奇心の塊であり、人を排除しない（激しい排除を見たのは先のトランプに関する発言が初めてだ）。これが幅広いネットワークを生み、最新の情報が入ってくる状態をつくっている。このオープンネスと学習能力が、軽やかさをもたらしている。

この統合能力とネットワークとオープンなスタンスを生かし、その時代のイシューに先回りして、総合的に語る役回りを自らもって任じている、ともいえる。

読者諸賢も、筆者も、コトラーを見倣い、幅広く興味をもち、学びつづけるべきである。軽やかに新しいものを取り込み、軽やかに領域を超えて。

二〇一七年二月

本書は、コトラー氏による執筆、氏への取材などをもとに、
日本のみの発売を企図して制作されたものである。

[著者]
フィリップ・コトラー（Philip Kotler）
ノースウェスタン大学ケロッグ経営大学院S.C.ジョンソン＆サン特別教授。マーケティングの世界的権威であり、「近代マーケティングの父」とも称される。今日までに発表された著作物は、世界のマーケティングの流れを定義づけてきた。シカゴ大学で経済学修士号、MIT（マサチューセッツ工科大学）で経済学博士号を取得後、ハーバード大学で数学、シカゴ大学で行動経済学を研究。『ハーバード・ビジネス・レビュー』などの学術紙に100を超える論文を寄稿し、『ジャーナル・オブ・マーケティング』誌の年間最優秀論文に贈られる「アルファ・カッパ・サイ財団賞」を３度受賞。IBM、ゼネラル・エレクトリック、AT&T、バンク・オブ・アメリカほか多数の企業でマーケティング戦略やプランニング、マーケティング組織、国際マーケティングのコンサルティングに携わる。
著書に、『コトラー＆ケラーのマーケティング・マネジメント』『コトラーのマーケティング入門』（以上、丸善出版）、『コトラーのマーケティング・コンセプト』（東洋経済新報社）ほか多数。

[監訳・解説者]
鳥山正博（とりやま まさひろ）
立命館大学大学院経営管理研究科教授。1983年国際基督教大学教養学部卒業、1988年ノースウェスタン大学ケロッグ経営大学院修士課程修了（MBA）、2009年東京工業大学大学院総合理工学研究科博士課程修了。1983年より2011年まで、野村総合研究所にて経営コンサルティングに従事。テクノロジーベースのマーケティングイノベーションと新マーケティングリサーチインフラの構築が関心領域。マーケティングリサーチ、メディア、小売領域においてビジネスモデル特許出願多数。

[訳者]
大野和基（おおの かずもと）
1955年兵庫県生まれ。大阪府立北野高校、東京外国語大学英米学科卒業。1979〜97年渡米。コーネル大学で化学、ニューヨーク医科大学で基礎医学を学ぶ。その後、現地でジャーナリストとしての活動を開始、国際情勢の裏側、医療問題から経済まで幅広い分野の取材・執筆を行ない、現在はテレビでも活躍。
著書に、『代理出産』（集英社新書）、訳書に、ポール・クルーグマン『そして日本経済が世界の希望になる』（PHP新書）、ユルゲン・トールワルド『外科の夜明け』（小学館）などがある。

コトラー マーケティングの未来と日本
時代に先回りする戦略をどう創るか
（検印省略）

2017年3月24日　第1刷発行

著　者　フィリップ・コトラー
監訳・解説者　鳥山　正博（とりやま　まさひろ）
訳　者　大野　和基（おおの　かずもと）
発行者　川金　正法

発　行　株式会社KADOKAWA
〒102-8177　東京都千代田区富士見2-13-3
0570-002-301（カスタマーサポート・ナビダイヤル）
受付時間 9:00～17:00（土日 祝日 年末年始を除く）
http://www.kadokawa.co.jp/

落丁・乱丁本はご面倒でも、下記KADOKAWA読者係にお送りください。

送料は小社負担でお取り替えいたします。

古書店で購入したものについては、お取り替えできません。

電話049-259-1100（9：00～17：00／土日、祝日、年末年始を除く）

〒354-0041　埼玉県入間郡三芳町藤久保550-1

DTP／エヴリ・シンク　印刷・製本／図書印刷

ISBN978-4-04-601874-8　C0030